Pequenos Grandes Visionários

HOMENS IMPORTANTES DA HISTÓRIA NEGRA

Pequenos Grandes Visionários

HOMENS IMPORTANTES

DA

HISTÓRIA NEGRA

VASHTI HARRISON

COM KWESI JOHNSON

Tradução de Carolina Candido

Rio de Janeiro, 2025

Título original: *Little Legends: Exceptional Men in Black History*

Copidesque: *Thaís Carvas*
Revisão: *Vanessa Sawada*
Design de capa: *David Caplan*
Adaptação de capa e miolo: *Julio Moreira | Equatorium Design*

DADOS INTERNACIONAIS DE CATALOGAÇÃO NA PUBLICAÇÃO (CIP)
(CÂMARA BRASILEIRA DO LIVRO, SP, BRASIL)

Harrison, Vashti
  Pequenos Grandes Visionários : homens importantes da história negra / Vashti Harrison,
com Kwesi Johnson ; tradução de Carolina Candido. -- Rio de Janeiro : HarperKids, 2025.

  Título original: Little Legends
  ISBN 978-65-5980-173-2

  1. Afro-americanos - Biografia - Literatura infantojuvenil 2. Homens afro-americanos
- Biografia - Literatura infantojuvenil I. Johnson, Kwesi. II. Título.

24-242675   CDD-028.5

Cibele Maria Dias - Bibliotecária - CRB-8/9427

HarperKids é uma marca licenciada à Casa dos Livros Editora Ltda.
Todos os direitos reservados à Casa dos Livros Editora LTDA.
Rua da Quitanda, 86, sala 601A,
Centro, Rio de Janeiro/RJ
CEP 20091-005
Tel.: (21) 3175-1030
www.harpercollins.com.br

PARA AQUELES QUE DESEJAM SER

NÃO APENAS GRANDES,

MAS TAMBÉM BONDOSOS.

— VH

PARA UM DOS MELHORES IRMÃOS

QUE UM HOMEM PODERIA TER,

UMA VERDADEIRA LENDA, PATEN LOCKE.

— KJ

Sumário

Introdução

Este livro quase não saiu. Apesar de ter recebido muitos pedidos para escrevê-lo, durante um bom tempo não achei que fosse a pessoa certa para isso. Eu sabia que contar histórias de homens não me provocava as mesmas emoções que sinto ao contar histórias de mulheres, e que outros autores poderiam sentir essas emoções, e eu poderia contribuir com os livros deles.

De muitas formas, escrevi meu primeiro livro, *Pequenas Grandes Líderes: Mulheres importantes da história negra*, para uma versão mais nova de mim. Queria compartilhar as histórias de mulheres afro-americanas incríveis que realizaram feitos maravilhosos em diferentes campos de estudo, porque precisava daquilo. O livro se tornou bastante pessoal, e me conectei profundamente com as histórias. Para ser sincera, nas minhas pesquisas encontrei diversos livros e documentários que ressaltavam as histórias dos homens, e não das mulheres, então não senti necessidade de escrever sobre eles. Mas, ainda assim, continuava a receber pedidos. E enfim consegui visualizar uma resposta.

Nos anos que se seguiram à publicação de *Pequenas Grandes Líderes,* trabalhei em outros projetos e cresci enquanto autora e artista, o que me fez perceber que este livro pode não ser para mim ou para a versão mais nova de mim, mas isso não faz dele menos necessário. Quando comecei a ver as coisas por essa perspectiva, encontrei a paixão e a empolgação para pesquisar, escrever e desenhar. Queria oferecer aos outros a experiência que tive com *Pequenas Grandes Líderes.*

Meu primeiro livro foi inspirado pelo Mês da História Negra. Quando Carter G. Woodson começou a Semana da História Negra, em 1926, a principal mensagem que queria passar era a de celebração das histórias que foram negligenciadas ao longo do tempo. Justamente por isso, escolhi reunir neste livro homens excepcionais que não estamos acostumados a ver nas mídias tradicionais. As pesquisas a respeito desse assunto sempre resultam nas mesmas pessoas: Martin Luther King Jr., Nelson Mandela, Barack Obama, Jackie Robinson, Malcon X, entre outros.

Aproveitei esta oportunidade para ceder espaço para homens como Robert Smalls e John Robinson, líderes e sonhadores cujas narrativas não aparecem tanto. É claro que incluí alguns nomes bem famosos, caso este seja o primeiro contato de alguém com a história negra. Foi uma tarefa delicada equilibrar tudo isso! De forma geral, quis contar as histórias de homens excepcionais. Sim, eles eram melhores do que a média e extraordinários, mas para mim, *excepcional* também quer dizer que foram exceções às expectativas colocadas em homens negros pela sociedade moderna.

Os homens nestas páginas foram líderes, precursores e pioneiros em suas áreas, os primeiros a chegar aonde quer que fossem. Desafiavam estereótipos e expectativas. Sim, eram ousados e corajosos quando necessário, mas também gentis e cheios de compaixão. Charles Henry Turner e Charles R. Drew eram educadores, dedicando a vida a compartilhar o conhecimento e as descobertas que fizeram com a geração seguinte. Tanto Marshall "Major" Taylor quanto André Leon Talley se aventuraram em áreas inéditas para homens negros: ciclismo e o universo da moda feminina. Eles criaram um espaço para si próprios e para outras pessoas racializadas em uma época em que fazer isso significava se colocarem como alvos. Com frequência, esses homens tiveram que enfrentar o racismo para conseguir chegar aonde queriam, e quando alcançavam seus objetivos, realizavam feitos incríveis. Muitas vezes tiveram que ser resilientes e durões, porém continuavam sendo definidos por suas paixões, sua paciência e sua bondade. E é por isso que são visionários.

Vejo este livro como um irmão da minha primeira obra, mas não uma "versão masculina" ou "para meninos". Meus livros são para todos os leitores. Aqui, compartilho as histórias de homens, mas são para *todos*, assim como *Pequenas Grandes Líderes*. Seja você quem for, certamente se identificará com alguma das histórias a seguir. Os Pequenos Grandes Visionários estão aqui para guiar você nesta jornada pelo passado. Permita que eles inspirem seu futuro!

Benjamin Banneker
1731 – 1806

INVENTOR E FAZENDEIRO

Apesar de ter frequentado a escola por apenas alguns anos antes de começar a trabalhar na fazenda do pai, Benjamin adorava ler e estudar. Era tão bom em Matemática que pessoas vinham de toda Maryland para fazer perguntas e testá-lo. Maravilhavam-se ao ver a rapidez com que as respondia. Ele também criava problemas matemáticos, escrevendo-os em forma de poemas. Benjamin queria usar suas habilidades para ajudar as pessoas. Aos 15 anos, criou um sistema de irrigação para a plantação do pai. A invenção era tão eficiente que, mesmo nos períodos de seca, a fazenda prosperava. Em 1753, ficou fascinado pelo relógio de bolso de um amigo. Relógios eram raros naquela época, mas conseguiu pegá-lo emprestado. Benjamin estudou o objeto e fez o seu próprio — que viria a ser o primeiro relógio grande de madeira construído nos Estados Unidos.

A notícia do relógio de Benjamin se espalhou por Maryland, e ele foi abordado por George Ellicott, proprietário de terras e astrônomo amador. Os dois se tornaram amigos, e George emprestou alguns de seus equipamentos de astronomia e livros para Benjamin. Ele ficou obcecado pelas estrelas e passava a noite observando o céu, indo descansar só após o amanhecer. Quando as pessoas o viam dormindo durante o dia, diziam que era preguiçoso! Conforme seu conhecimento aumentava, Benjamin até passou a encontrar erros nos livros de George. Por volta de 1791, Benjamin escreveu uma efeméride, uma tabela que registra os movimentos das estrelas e dos planetas. Depois de ler, o primo de George Ellicott, Andrew, convidou Benjamin para ser seu assistente em um projeto bastante especial: inspecionar e projetar o local que se tornaria Washington, DC, a nova capital da jovem nação. Benjamin aceitou o convite, e os dois começaram a trabalhar.

Quando o projeto com Andrew terminou, Benjamin voltou para casa e montou um almanaque de fenômenos naturais iminentes. Ele usava a escrita para falar sobre a injustiça da escravidão e para defender a humanidade e a inteligência das pessoas negras. Benjamin foi um cientista e inventor excepcional que, por meio da observação calma e do trabalho diligente, ajudou a moldar a história dos Estados Unidos.

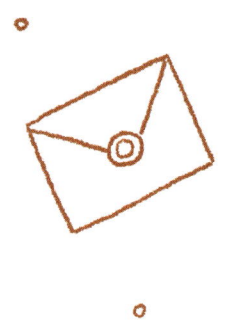

James Armistead Lafayette
Aprox. 1748 – 1830

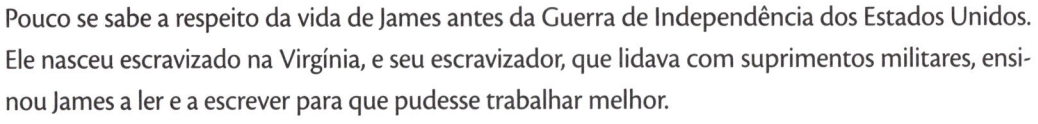

ESPIÃO DE GUERRA

Pouco se sabe a respeito da vida de James antes da Guerra de Independência dos Estados Unidos. Ele nasceu escravizado na Virgínia, e seu escravizador, que lidava com suprimentos militares, ensinou James a ler e a escrever para que pudesse trabalhar melhor.

Durante a guerra contra os britânicos, James ouviu dizer que qualquer pessoa escravizada que lutasse para defender o Exército Continental seria libertada caso os Estados Unidos vencessem. Obteve permissão de seu escravizador para se alistar, e, em 1781, foi enviado para servir sob o comando do marquês de Lafayette, jovem aristocrata francês que lutava pela causa norte-americana. A princípio, James usava seu conhecimento do território da Virgínia para levar e trazer mensagens, até que tiveram uma ideia melhor: James poderia espionar os britânicos. Fingindo ser um fugitivo, James se dirigiu ao acampamento britânico comandado pelo lorde Charles Cornwallis. Ajudou a guiar as tropas pelo território que desconheciam. Ninguém suspeitava que ele sabia ler e escrever e, por isso, generais e outros soldados falavam de táticas na frente de James, que também obteve acesso aos mapas e planos britânicos. Em segredo, ele memorizou cada detalhe, contando tudo para Lafayette. Os britânicos confiavam tanto em James que pediram que fosse espionar os americanos! Ele concordou, mas passava apenas informações falsas. Já o Exército Continental, munido das informações sobre o tamanho, as estratégias e o estado de espírito das tropas britânicas, venceu o inimigo em Yorktown, acabando com a guerra. Imagine a surpresa de Cornwallis ao se deparar com James quando entrou no quartel-general de Lafayette para se render!

Após a guerra, pessoas escravizadas que serviram como soldados foram libertadas. Mas tecnicamente James não fora um soldado, e por isso não o libertaram. Ele tentou entrar com uma petição, porém foi ignorado. Foi apenas quando Lafayette escreveu uma carta enaltecendo os serviços prestados por James que ele teve a liberdade concedida em 1787. James assumiu o nome Lafayette em homenagem ao comandante e amigo. Viveu o resto da vida como fazendeiro e homem de família, sendo, em segredo, um dos maiores heróis dos Estados Unidos.

Frederick Douglass
1818 – 1895

ORADOR E ABOLICIONISTA

Nascido escravizado em uma fazenda em Maryland, Frederick foi separado da mãe quando criança. Entendia que era visto e tratado como propriedade. Quando tinha 8 anos, foi enviado para trabalhar para Hugh Auld, cuja esposa ensinou Frederick a ler. Era considerado ilegal que uma pessoa negra soubesse ler e escrever para, assim, não se desenvolver. Quando Hugh descobriu, ordenou que as aulas parassem, mas Frederick já havia aprendido o suficiente para continuar estudando sozinho. Um dos primeiros livros que teve foi uma coleção de discursos históricos. Então, enquanto aprendia a ler, também estava aprendendo a discursar e a formar argumentos, e se tornaria famoso por isso.

Como cristão devoto, não entendia como escravistas se apropriavam do discurso religioso para reforçar a ideia da escravidão. Tentou fugir diversas vezes e até falsificou documentos. Foi descoberto, rotulado como problemático e torturado. Em 1838, conseguiu fugir para o Norte.

Uma vez livre, lutou pela abolição da escravidão. Em 1841, discursou em uma convenção abolicionista. As pessoas ficaram maravilhadas. Aqueles que vinham do Norte não entendiam as vivências dos escravizados, então Frederick publicou sua autobiografia *Frederick Douglass: autobiografia de um escravo*. O livro se tornou um best-seller. Algumas pessoas não acreditavam que ele tivesse escrito a obra ou vivido aquelas experiências, então Frederick escreveu mais um livro, dessa vez nomeando os antigos escravizadores. Foi uma estratégia arriscada, e isso fez com que ele precisasse fugir para o Reino Unido. Lá, fez discursos e dois de seus apoiadores negociaram a compra de sua liberdade para que retornasse aos Estados Unidos.

Frederick publicou diversos jornais antiescravidão, incluindo o *North Star* [A Estrela do Norte]. Levou a defesa da abolição até o presidente Lincoln, lutando pelos direitos dos soldados negros do Exército da União na Guerra Civil. Ele também apoiava o sufrágio feminino. Os muitos esforços de Frederick levaram à ratificação da 13ª, 14ª e 15ª Emendas à Constituição, e ele é lembrado até hoje como uma das pessoas mais importantes da história.

Bass Reeves
1838–1910

DELEGADO

Bass nasceu escravizado no Arkansas. Ainda criança, foi feito de servo pessoal do coronel George Reeves, que permitiu que ele aprendesse a usar uma arma. Bass era tão habilidoso que chegou a se destacar em competições de tiro ao alvo. Quando perceberam o quão bom ele era, foi banido do evento. Bass entendeu que, como uma pessoa escravizada, não podia vencer.

George o levou para combater pela Confederação na Guerra Civil. O rapaz conseguiu fugir para um território indígena, no atual Oklahoma. Escondeu-se ali até o fim da guerra, aprendendo a língua e os hábitos dos povos seminole, cherokee e creek.

O Velho Oeste, quilômetros de terra sem lei. Já que as cortes nativas não tinham jurisdição sobre cidadãos norte-americanos, muitos criminosos fugiam para territórios indígenas para se esconder. Era dever dos delegados ir até lá capturá-los. Em 1875, quando o chefe dos delegados precisou nomear novas pessoas para esse cargo, pensou em Bass, que conhecia o lugar, falava as diferentes línguas e era um ótimo atirador. Bass foi um dos primeiros delegados negros do país.

Era um trabalho perigoso. Naquela época, centenas de delegados foram assassinados em serviço. Apesar de nunca ter sido atingido, chegou bem perto disso: certa vez, um dos bandidos acertou seu chapéu! Ele capturou cerca de 3 mil criminosos, então não demorou muito para que a reputação de Bass se espalhasse: o deputado negro durão, com a mira afiada e 1,87 metro de altura. Bass sabia atirar com ambas as mãos, mas só o fazia quando necessário. Em vez disso, gostava de usar disfarces e truques para levar a melhor em cima dos criminosos e prendê-los. E prender caras malvados não era tudo o que importava para Bass; o delegado amava os animais e fazia o possível para combater a crueldade contra eles.

Especula-se que Bass tenha sido a inspiração para o cavaleiro solitário, o herói ficcional mascarado do Velho Oeste. Não há como saber se isso é verdade, mas sabemos que Bass era um bom homem que lutava por justiça.

Robert Smalls
1839–1915

MARINHEIRO E MEMBRO DO CONGRESSO

Nascido escravizado na Carolina do Sul, Robert era filho de uma mulher negra e de um homem branco. Como seu pai era, provavelmente, um dos homens brancos da fazenda, Robert recebia tratamento especial, tendo a autorização para trabalhar no cais em Beaufort. Ainda assim, a mãe explicou a ele os perigos que uma pessoa negra enfrentava ao trabalhar no Sul escravocrata.

Robert se destacava na água. Por fim, acabou assumindo a função de pilotar o barco, o nível mais alto a que uma pessoa negra poderia chegar. Aos 17 anos, Robert se apaixonou por uma camareira de hotel escravizada chamada Hannah. Ele queria comprar a liberdade dela, mas jamais conseguiria tanto dinheiro. Para ficarem juntos, precisariam fugir.

Como já velejava havia anos, desde quando a Guerra Civil começou, Robert conhecia bem as águas de Charleston. Em 1862, enquanto trabalhava a bordo do *Planter*, transportando armas e suprimentos para o Exército dos Estados Confederados, encontrou a oportunidade perfeita para a fuga. Assim que os oficiais brancos saíram do barco à noite, Robert colocou um enorme chapéu e luvas para que os soldados pensassem que ele era o capitão. Em silêncio, a tripulação negra reuniu suas famílias e outras pessoas escravizadas e seguiram rumo ao Norte, navegando com cuidado ao passarem pelos fortes confederados. Quando chegaram ao bloqueio da União, ergueram uma bandeira branca e Robert se rendeu, junto com todos os suprimentos confederados a bordo. Ele se tornou um herói nacional, uma celebridade! Chegou a se encontrar com Abraham Lincoln e recrutou pessoas para a Marinha e para o Exército da União até o fim da guerra.

Mesmo com o fim do conflito, não parou de lutar. Mudou-se de volta para a Carolina do Sul, abriu uma escola e fundou um jornal para pessoas negras. Seu histórico como um herói de guerra o ajudou a se tornar um delegado na Convenção Constitucional pós-guerra da Carolina do Sul. Em 1874, foi eleito para a Câmara dos Representantes dos Estados Unidos. Robert foi um homem ousado e determinado que lutou por seu país, por seu povo e por sua liberdade.

Charles Henry Turner
1867–1923

Quando criança, Charles amava bichos. Passava os dias ao ar livre — observando insetos e animais — ou dentro de casa, lendo os livros da enorme biblioteca dos pais. A mãe, que fora escravizada, o criou com a crença de que os estudos o levariam a uma vida melhor.

Charles foi o orador da turma na formatura do Ensino Médio e estudou Biologia na faculdade. Na Universidade de Cincinnati, publicou estudos sobre os cérebros de pássaros e invertebrados, tornando-se o primeiro afro-americano a publicar na revista *Science* e no *Journal of Animal Behavior* [Jornal do comportamento animal]. Depois, tornou-se a primeira pessoa negra a obter um doutorado em Zoologia na Universidade de Chicago.

Provavelmente devido ao racismo, Charles teve dificuldade em encontrar trabalho em uma faculdade para conduzir sua pesquisa. Comprometeu-se a lutar pelos direitos civis e a defender que os estudantes negros tivessem acesso a uma boa educação, até sonhando em fundar uma faculdade. Apesar de não ter feito isso, lecionou no histórico colégio Black Summer, em Saint Louis.

Mesmo não tendo acesso a ferramentas caras e laboratórios de última geração, conseguiu desenvolver métodos de pesquisa para fazer descobertas incríveis a respeito de insetos. Ele conduziu experimentos e determinou que as abelhas conseguem enxergar em cores. Ao construir labirintos, observou que baratas e lagartas aprendiam por tentativa e erro. Também descobriu que formigas usam a luz e pontos de referência para se guiarem, e mostrou que insetos têm memória e que mudam de comportamento com base nela. Charles também foi o primeiro a perceber que as formigas caminham em volta do formigueiro antes de entrar. Essa ação foi mais tarde chamada de *Turner's circling* [As voltas de Turner] em sua homenagem. Quase no fim da vida, já havia publicado mais de 70 artigos e mudado a forma como as pessoas viam os insetos.

Charles valorizava o esforço e o conhecimento. Pioneiro na pesquisa comparativa, foi um ótimo exemplo e ampliou para sempre a forma como entendemos diferentes comportamentos na natureza.

Arturo Schomburg
1874 – 1938

HISTORIADOR

Quando Arturo ainda era criança e morava em Porto Rico, perguntou à professora por que não havia pessoas negras nos livros de História. Ela respondeu que as pessoas negras não tinham uma história. Apesar da idade, Arturo sabia que aquilo não podia ser verdade. Então, dedicou sua vida a buscar, coletar e preservar essas histórias ao redor do mundo. Ele começou a pesquisar por conta própria, encontrando histórias como a da poeta Phillis Wheatley e a do inventor Benjamin Banneker. Arturo ficou fascinado com o homem negro que construiu o primeiro relógio dos Estados Unidos, perguntando-se por que não havia um monumento em homenagem a ele. Esse foi o começo da missão dele de encontrar mais histórias da herança negra.

Em 1891, mudou-se para a cidade de Nova York, onde trabalhou como assistente jurídico. Sua principal função era arquivar e organizar documentos, o que logo se provaria bastante útil. Nos Estados Unidos, conseguiu seguir uma nova paixão: procurar livros raros. As obras pelas quais procurava, escritas por ou sobre pessoas negras, eram bem baratas. Arturo as enxergava pelo que de fato eram: tesouros. Logo sua biblioteca ficou tão grande que não havia mais espaço. Em 1926, vendeu a coleção inteira para a Biblioteca Pública de Nova York por 10 mil dólares. A nova casa das obras literárias reunidas por Arturo ficava na filial da rua 135, no Harlem. Ele usou o dinheiro para viajar para a Europa, em busca de obras de arte criadas por pessoas negras.

Arturo dedicou a vida a preservar a cultura do povo negro, lutando pela liberdade de Porto Rico e defendendo que cursos de história negra fossem incluídos no sistema educacional dos Estados Unidos. Em 1972, a Biblioteca Pública de Nova York transferiu toda a coleção dele para uma instalação que viria a se tornar o Centro Schomburg de Pesquisa em Cultura Negra.

Ele transformou uma simples pergunta em um passatempo, que acabou se tornando uma paixão e que mudou a forma como a história cultural passou a ser documentada na América. Sem a curiosidade e a empolgação dele, grande parte da história talvez tivesse se perdido para sempre.

Garrett Morgan
1877–1963

INVENTOR

Garrett sempre teve grande interesse em saber como as coisas funcionavam. Estudou apenas até o Ensino Fundamental, mas não deixou que isso o impedisse. Aos 14 anos, já havia trabalhado como faz-tudo e, aos 18 já havia aprendido o suficiente para conseguir emprego em fábricas de máquina de costura em Cleveland. Em 1901, Garrett vendeu sua primeira invenção (uma peça para a máquina de costura) e, alguns anos depois, conseguiu abrir o próprio negócio! Ele logo se tornou um empresário e inventor de sucesso.

Em 1914, Garrett pediu a patente de uma invenção. Após presenciar um incêndio, notou que os bombeiros que combatiam as chamas não usavam proteção para o rosto. Pensou que uma máscara poderia protegê-los e impedir que inalassem a fumaça. Projetou uma máscara de segurança com uma mangueira que permitisse a entrada de ar.

Muitas pessoas tinham receio de comprar invenções de um homem negro e, para que os clientes lhe dessem uma chance, ele contratava atores brancos para as demonstrações. Sua empresa finalmente começou a crescer, e os corpos de bombeiros de Ohio, da Pensilvânia e de Nova York começaram a usar a máscara! No entanto, ele não foi apenas um inventor e empresário, também foi um herói. Após a explosão de um túnel em 1916, Garrett, usando o próprio material de proteção, entrou nos destroços para tirar os trabalhadores de lá. Ele salvou duas vidas!

Em 1923, pediu a patente de outra invenção. Àquela altura, a indústria automobilística começava a crescer e os carros dividiam as ruas com carruagens puxadas por cavalos, bicicletas e pedestres. Os sinais iam de pare para ande sem que ninguém percebesse, o que era perigoso. Após testemunhar um acidente terrível, Garrett teve a ideia de criar um sinal de atenção. Esse foi o precursor do sinal vermelho, amarelo e verde que usamos hoje!

Garrett prestava atenção no mundo ao redor e procurava oportunidades em todo lugar. Ele provou que inventar não era apenas ter ideias novas, mas também melhorar as que já existiam, ajudando as pessoas e tornando o mundo um lugar mais seguro.

DISPOSITIVO RESPIRATÓRIO

SINAL DE TRÂNSITO

INVENTOR
Garrett A. Morgan

Marshall "Major" Taylor
1878 – 1932

CICLISTA

Nascido em Indianápolis, Marshall ganhou a primeira bicicleta quando tinha 12 anos. Praticava enquanto entregava jornais. Em 1892, já andava tão bem que foi contratado por uma loja para fazer manobras do lado de fora e atrair clientes. Com frequência, andava fantasiado com um uniforme de soldado, o que lhe garantiu o apelido de Major. Quando Marshall tinha 14 anos, o dono da loja o inscreveu em uma corrida, e ele ganhou! Apesar de ainda ser amador, Major atraiu muita atenção, incluindo a do ex-competidor Louis Munger, que decidiu treiná-lo, já que uma coisa era evidente: o jovem era rápido.

O ciclismo era o maior esporte dos Estados Unidos, mas, como era de se esperar na época de Jim Crow, era incrivelmente racista. Major foi banido de várias competições. Muitos se entretinham com suas habilidades. Outros não ficavam tão empolgados. Ele foi hostilizado em diversas ocasiões, dentro e fora das pistas, só por estar ali e por ser negro.

Em 1896, participou da Corrida de Seis Dias, um extenuante evento em que 28 competidores davam o máximo de voltas que conseguiam durante seis dias. Era um teste de resistência, força e determinação. Major era o único afro-americano. Terminou em 8º lugar, uma tarefa difícil. Percorreu 2.787 quilômetros em 142 horas, mais ou menos a distância de Nova York até o Texas.

Isso o destacou no ciclismo. Em 1899, ele competiu no Campeonato Mundial em Montreal, vencendo a corrida de 1.500 metros! Foi o primeiro afro-americano a ganhar um campeonato mundial de ciclismo e o segundo atleta negro a ganhar um campeonato mundial em qualquer esporte, depois do boxeador canadense George Dixon! Durante algum tempo, Major foi o detentor de 7 recordes mundiais.

A carreira de Marshall foi bastante difícil, com pedras a cada curva. Mas Major abriu portas por onde passou, e hoje muitos grupos de ciclistas ao redor do mundo celebram seu legado. Em 1989, foi homenageado no Hall da Fama do Ciclismo dos Estados Unidos e relembrado como o pioneiro que era.

Harold Moody
1882–1947

MÉDICO, PASTOR E ATIVISTA DA REFORMA SOCIAL

Nascido em Kingston, Jamaica, Harold era considerado cidadão britânico, como todos os caribenhos sob o poder da Grã-Bretanha naquele período, então ficou empolgado quando foi aceito no King's College, em Londres, em 1904, para estudar Medicina.

Lá, foi alvo de racismo. Os londrinos brancos encaravam pessoas negras nas ruas, gritando com elas, e algumas eram exibidas como se fossem animais de zoológico. Harold teve o pedido de acomodação recusado diversas vezes e, após se formar, negaram-lhe emprego em um hospital porque a enfermeira-chefe não queria um homem negro trabalhando lá. Então, ele abriu o próprio consultório. Quando se casou com Olive Tranter, uma enfermeira branca, disseram que ela era uma traidora de sua raça. Harold achava aquilo errado e começou a lutar, com calma e persistência, contra o que, na época, era conhecido como "barreira da cor". Abriu a própria casa para outros imigrantes negros que precisavam de um lugar para ficar, um emprego ou uma comunidade. Ele também era muito requisitado como pregador e desafiava congregações religiosas predominantemente brancas a lutar contra o preconceito, mas por mais que se esforçasse, eles não conseguiam imaginar as experiências de pessoas negras.

Percebeu que precisava fazer a mudança acontecer de um jeito mais proativo, então criou a Liga dos Povos Racializados, organização que pressionava o governo e as empresas a melhorarem as políticas. Outros ativistas da época achavam Harold educado demais, mas seus métodos abriam portas. A Liga defendia que hospitais contratassem mais pessoas negras, que fossem feitas mudanças na forma como livros escolares as mostravam e que fosse colocado um fim na discriminação habitacional. Durante a Segunda Guerra Mundial, a organização exigiu tratamento igualitário para soldados e marinheiros negros. A Liga também exigiu, com sucesso, mudanças na forma como o Reino Unido governava as colônias caribenhas. Harold foi um visionário que, como pastor, médico e ativista, lutou por uma Grã-Bretanha em que a cor da pele não impedisse as pessoas de progredirem e em que todos recebessem chances iguais.

Oscar Micheaux
1884–1951

DIRETOR DE CINEMA

O quinto de 13 filhos, Oscar cresceu em uma fazenda em Metropolis, Illinois. Apesar de não ser muito habilidoso em cuidar da fazenda, era um vendedor nato e fazia mais dinheiro do que os irmãos com os produtos agrícolas. Na escola, era curioso e tagarela, um pouco rebelde e ambicioso. Aos 17 anos, mudou-se para Chicago e fez alguns trabalhos informais até conseguir um emprego em uma companhia ferroviária e viajar pelo país inteiro. Ele economizou dinheiro e em 1905 comprou uma fazenda na Dakota do Sul. A dificuldade de Oscar em ser fazendeiro ficou evidente mais uma vez, porém ele continuou trabalhando, e em 1910, já tinha expandido sua propriedade.

Ele escreveu uma série de artigos de jornais e então um livro, *The Conquest* [A conquista], falando da experiência de ser proprietário de terras, encorajando pessoas negras a abandonarem o Sul rural e o Norte urbano e a se tornarem fazendeiras. Oscar vendeu o livro de porta em porta, e com o dinheiro abriu a própria editora, a Western Book Supply Company.

Seu terceiro livro, *The Homesteader* [O proprietário], chamou a atenção da primeira companhia cinematográfica formada apenas por pessoas negras que produzia curtas-metragens. Os produtores queriam adaptar o livro para filme. Mas quando Oscar quis dirigir, não aceitaram. Então, ele transformou a editora em uma produtora e fez o filme por conta própria. Foi o primeiro longa-metragem filmado por uma pessoa negra. Em 30 anos, Oscar fez 44 filmes. Ele nunca tinha um bom orçamento para as produções, mas não deixava que isso o impedisse. Com rapidez, arrumava a iluminação e as câmeras e fazia apenas uma tomada por cena. Certa vez, um cliente compareceu a uma reunião usando um casaco chique. Oscar pegou o casaco e, antes de guardá-lo, gravou algumas cenas em que a atriz vestia a peça.

Os filmes de Oscar mostravam pessoas negras como seres humanos complexos, diferente dos filmes de Hollywood da época, que colocavam pessoas negras no papel de empregados ou dançarinos. Apesar das limitações que enfrentava, Oscar nunca parou de trabalhar para atingir seus objetivos.

Paul Robeson
1898 – 1976

CANTOR, ATOR E ATIVISTA

Paul era bom em muitas coisas. Na escola, participava de debates e fazia discursos, cantava, atuava e praticava muitos esportes. Apesar disso, conviveu com o racismo, em uma Nova Jersey anterior ao Movimento dos Direitos Civis. O pai, um pastor presbiteriano que nasceu escravizado, instigou em Paul a vontade de ser bem-sucedido apesar do preconceito do mundo.

Paul foi aceito na Universidade de Rutgers com uma bolsa acadêmica. Também era um atleta fantástico e alcançou fama como uma estrela do futebol americano. Ainda que pudesse ter feito do futebol sua carreira, Paul decidiu estudar Direito. Em 1923, formou-se em Columbia. Conseguiu um emprego em uma firma de advocacia onde só trabalhavam advogados brancos, mas foi recebido com hostilidade racial por clientes e colegas, e logo deixou a função. Havia se apresentado em peças na escola, então decidiu virar ator em tempo integral, estrelando em *Otelo*, de Shakespeare. Quando roteiristas e produtores da Broadway estavam criando um musical multirracial chamado *Show Boat*, escreveram um papel para Paul. Infelizmente, ele não conseguiu participar da produção, mas estrelou o papel em Londres em 1928, na reestreia da peça na Broadway em 1932, e no filme de 1936. Sua interpretação da canção "Ol' Man River" é lendária.

O talento de Paul como ator e cantor o fez viajar o mundo, e ele percebeu como as relações raciais eram diferentes na Europa e na União Soviética. Paul se identificou com argumentos da esquerda, alinhando-se ao Partido Comunista. Fez campanha pelos direitos dos trabalhadores e organizou movimentos pelo trabalho e pela paz. Tornou-se um líder ativista e foi mentor de muitas pessoas, incluindo Claudia Jones e Harry Belafonte. Contudo, o comunismo era considerado antiamericano e, em 1950, ele foi proibido de deixar o país, em uma tentativa de silenciá-lo. Paul entrou para a lista proibida da indústria do entretenimento e sua carreira foi arruinada.

Estrela do futebol americano, acadêmico, advogado, ator, cantor, ativista dos direitos civis: Paul fez de tudo. E mesmo quando não era reconhecido, continuou a lutar pela igualdade e pela paz.

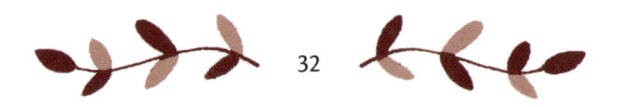

Aaron Douglas
1899–1979

PINTOR E ILUSTRADOR

Aaron sempre soube que queria ser um artista. Quando criança, gostava de acompanhar a mãe enquanto ela desenhava e pintava com aquarela. Aos 10 anos, foi enaltecido como um dos melhores artistas da escola. Mas a jornada no mundo da arte não foi fácil.

Aos 17 anos, trabalhava longas horas em uma fábrica de máquinas para juntar dinheiro para a faculdade. E então começou a Primeira Guerra Mundial. Aaron adiou os estudos para se alistar, mas a princípio foi rejeitado por causa de sua raça. As experiências com a guerra, o trabalho extenuante e a discriminação ficaram marcadas na vida dele e, com o tempo, tornaram-se temas proeminentes em seus quadros.

Após a faculdade, Aaron leu um artigo de revista a respeito de um novo movimento artístico que surgia na cidade de Nova York e que logo viria a ser conhecido como o Renascimento do Harlem. A ilustração de capa de Winold Reiss mostrava um retrato digno de um ator afro-americano famoso. Essa pintura tão profunda inspirou Aaron de tal forma que ele sabia que precisava se mudar para Nova York e fazer arte para e sobre pessoas negras.

No Harlem, Aaron se juntou à comunidade de escritores e artistas que contava com Zora Neale Hurston, Augusta Savage e Langston Hughes, e estudou pintura com Winold. Desenvolveu um estilo gráfico icônico influenciado pelo Cubismo, pela Art Déco e pela arte egípcia que desafiava os estereótipos de pessoas afro-americanas com formas ousadas e poderosas. Seu trabalho aparecia em capas de livros e em jornais e, em 1925, ele ilustrou *The New Negro* [O novo negro], livro de Alain Locke que marcou a época, solidificando-o como o principal artista do Renascimento do Harlem.

Talvez seus trabalhos mais significativos sejam os enormes murais, como a obra-prima em quatro partes *Aspects of Negro Life* [Aspectos da vida negra], comissionado pela Biblioteca Pública de Nova York. Aaron preencheu essas pinturas coloridas com histórias, símbolos, significados e beleza. Ele esperava que sua arte criasse uma forte sensação de orgulho racial. Deu continuidade a essa ideia na carreira de professor, fundando o departamento de Arte da Universidade Fisk.

Louis Armstrong
1901 – 1971

MUSICISTA

Louis nasceu no mesmo local que o jazz: Nova Orleans. Teve uma infância difícil, vivendo em um bairro tão perigoso que era chamado de Campo de Batalha. Conseguiu seu primeiro emprego aos 7 anos, como catador. Enquanto caminhava pelas ruas, tocava um pequeno tubo de metal, e logo percebeu que conseguia tocar uma música inteira ali. Louis guardou dinheiro o suficiente para comprar uma corneta e continuar praticando.

Mas os problemas logo apareceram. Na celebração de Ano-Novo de 1912, Louis foi preso por disparar com uma arma de fogo. Foi enviado para uma instituição para garotos problemáticos. Surpreendentemente, havia uma banda — bandas marciais eram parte integrante da cultura de Nova Orleans desde o fim dos anos 1800 —, e ele teve aulas de corneta. A banda marchou pelo bairro dele, e os amigos e a família mal podiam acreditar que Louis estava ali tocando. Esse foi o primeiro grande passo rumo à carreira musical.

Aos 11 anos, apresentava-se nas ruas com um quarteto vocal. O grupo conquistou a atenção de um cornetista local, King Oliver, que deu conselhos mordazes para Louis sobre técnica e habilidade. Em 1918, Louis já conseguia viver da música com as apresentações, tocando na banda mais popular da cidade. Em 1922, King o convidou para ir até Chicago, onde floresceu graças à música com forte influência de Nova Orleans. De 1925 a 1928, gravou os primeiros discos com a própria banda. São alguns dos discos mais influentes da história do jazz. Ele se tornou famoso pelos solos improvisados, voz inconfundível e scat, uma técnica de voz que imita um instrumento.

Muitas das músicas de Louis fizeram bastante sucesso, incluindo "La Vie en Rose" e "What a Wonderful World". Com o passar dos anos, foi criticado pelas gerações mais novas de musicistas de jazz pelo estilo ultrapassado de apresentação e silêncio em relação à política, mas ao longo da carreira, quebrou barreiras e se posicionou pelos direitos civis. Teve muitos apelidos, incluindo Satchmo e Pops, mas recebeu a alcunha de Embaixador Satch pela dedicação a espalhar o jazz pelo mundo.

Langston Hughes
1902 – 1967

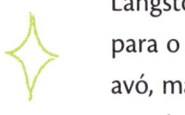

POETA

Langston se mudou muitas vezes quando era criança. Os pais viajavam a trabalho — o pai ia para o México e a mãe circulava por todo o centro-oeste americano. Langston foi criado pela avó, mas se sentia abandonado pela família. Só encontrava conforto nos livros e nos mundos que descobria dentro deles.

Começou a escrever cedo. No 8º ano, foi nomeado poeta da turma, e teve suas primeiras obras publicadas no jornal da escola. Em 1920, foi visitar o pai. Conforme o trem cruzava o Mississippi, pensou a respeito do enorme rio e do quanto a história negra estava conectada a ele. Refletiu sobre coisas que a avó lhe havia contado, em tudo o que lera em livros sobre a negociação de pessoas escravizadas, e escreveu um de seus primeiros grandes poemas: "O negro declara". Tinha apenas 17 anos, mas a voz carregava a sabedoria de alguém que via o mundo como de fato era. Ele pedia ao leitor que pensasse na humanidade, não apenas na sociedade negra ou branca. Em 1921, o poema foi publicado na *Crisis*, uma revista muito importante no movimento do Renascimento do Harlem. Langston se mudou para Nova York para frequentar a Universidade de Columbia e se tornou um dos grandes líderes criativos do movimento. Langston escrevia sobre o orgulho negro muito antes de o tema ser considerado algo a ser celebrado. Com fortes influências do blues e do jazz, a poesia de Langston tinha fluidez e ritmo.

Em 1923, viajou para fora do país, passando um tempo em Paris. Quando retornou, trabalhou como ajudante de garçom em Washington, D.C. Certo dia, um de seus escritores favoritos, Vachel Lindsay, foi ao restaurante, e Langston lhe entregou alguns de seus poemas. Vachel ficou impressionado e o ajudou a conhecer pessoas influentes. Em 1926, o primeiro livro de poemas de Langston foi publicado: *The Weary Blues* [O blues cansado]. Ele foi o primeiro escritor negro do país a conseguir viver da arte. Escreveu peças, contos e mais de 16 volumes de poesias. Langston usava a escrita para se comunicar com a classe dos trabalhadores, falando sobre a sociedade e as injustiças raciais, e retratando a vida dos negros nos Estados Unidos.

Se agarre aos sonhos
Ó blues!
Minha alma corre fundo com os rios
O blues cansado
Deixe a América ser América de novo
(Nunca foi a
mérica pra mim)
Eu também
Harlem
Sonhos
O que acontece com um sonho esquecido
A vida é boa
Ao envelhecer
Meu povo

Charles R. Drew
1904–1950

CIRURGIÃO

Apesar de ter sido um estudante brilhante, Charles não tinha notas perfeitas e nem sempre soube o que queria fazer da vida. Duas experiências diferentes o fizeram ter interesse em Medicina: uma lesão enquanto jogava futebol americano e o diagnóstico de tuberculose da irmã. Após essas situações, apaixonou-se pela Medicina e pelo entendimento de como o corpo humano funcionava. Foi para Montreal, Canadá, estudar na Universidade McGill. A reputação da instituição em relação ao tratamento de estudantes pertencentes a grupos minoritários era melhor do que as dos Estados Unidos. Charles foi o segundo melhor aluno dentre 138.

Durante a residência, trabalhando com o bacteriologista John Beattie, Charles demonstrou interesse na área dedicada à transfusão de sangue e hemoderivados. Na pesquisa, descobriu que ao separar o sangue do plasma (parte sem as células sanguíneas), ele durava mais tempo. Isso permitia o armazenamento do sangue, que podia, assim, ser enviado para lugares distantes, incluindo os campos de batalha. Em 1940, quando a Grã-Bretanha foi atacada pela Alemanha nazista, Charles foi escolhido para liderar uma equipe médica especial chamada Sangue pela Grã-Bretanha.

Meses antes de os Estados Unidos entrarem na Segunda Guerra Mundial, ele se tornou diretor assistente do novo sistema nacional de banco de sangue da Cruz Vermelha Norte-Americana. Foram coletados mais de 5 mil litros para os esforços de guerra. Os militares, entretanto, decretaram que o sangue retirado de doadores afro-americanos tinha que ficar separado do de doadores brancos, e que não poderia haver cruzamento nas transfusões. O sangue não contém características raciais, então Charles sabia que aquilo estava errado do ponto de vista científico e moral. Ele protestou e, em 1941, pediu demissão. Voltou para o antigo empregador, a Universidade Howard, e se tornou cirurgião-chefe no Hospital Freedmen. Passou os 9 anos seguintes orientando estudantes e defendendo a educação e a inclusão de afro-americanos na Medicina.

As descobertas de Charles foram responsáveis por salvar muitas vidas e transformaram a Medicina para sempre. Ele foi um pioneiro que defendia o que achava certo.

John Robinson

Aprox. 1905–1954

AVIADOR

Quando John ainda era criança, viu algo incrível: uma nova invenção que voava pelos céus e pousava em frente a ele nas águas azuis de Gulfport, Mississippi. O povo se reunia para espiar a máquina, que se chamava avião. Assim como a maioria das pessoas no Mississippi, John nunca tinha visto um antes, mas daquele dia em diante, passou a sonhar em se tornar piloto.

Quando teve idade o suficiente, matriculou-se no Instituto Tuskegee, no Alabama, para estudar reparação mecânica, então se inscreveu na Universidade Aeronáutica de Curtiss-Wright. Só que não admitiam estudantes negros. Isso não o impediu de continuar tentando. Conseguiu emprego como zelador, frequentou as aulas e leu artigos que os alunos jogavam fora. Com o amigo e companheiro de aviação Cornelius Coffey, fundou a Associação de Pilotos Challenger Air para outras pessoas negras. Juntos, construíram o próprio avião. Um dos instrutores da Curtiss-Wright ficou tão impressionado que convidou John para frequentar a universidade!

Em 1931, após se formar, começou a dar aulas na Curtiss-Wright. Depois, fundou uma escola de aviação para treinar pilotos negros. Em 1934, voltou para Tuskegee para animar os alunos. Seus esforços levaram à formação do Tuskegee Airmen, o primeiro grupo de pilotos negros na Força Aérea dos Estados Unidos. John acreditava que pessoas negras deveriam ajudar umas às outras, independentemente de suas origens, então, em 1935, quando a Itália invadiu a Etiópia, ele se juntou ao Exército Etíope como voluntário para delinear a força aérea do país. Os aviões que pilotava não tinham armas suficientes e, por isso, fazia voos de reconhecimento e para fornecer suprimentos enquanto treinava os pilotos. As aventuras de John ganharam repercussão internacional, e ele foi apelidado de o Condor Marrom da Etiópia.

Muitas pessoas conhecem o Tuskegee Airmen e sabem de seu importante papel na Segunda Guerra Mundial, mas se não fosse por John e sua perseverança, o programa de aviação poderia nunca ter existido. Apesar de poucos conhecerem o nome dele, o legado de John ajudou a influenciar a história dos Estados Unidos e do mundo para sempre.

Thurgood Marshall
1908 – 1993

JUIZ DA SUPREMA CORTE

Thoroughgood (mais tarde abreviado para Thurgood) tinha, desde criança, o dom para a argumentação e para causar problemas. Sua punição por falar demais era memorizar a Constituição dos Estados Unidos. O que não foi algo tão ruim, considerando que um dia se tornaria um dos principais estudiosos constitucionais do mundo.

Quando se inscreveu para a faculdade, Thurgood já sabia que queria ser advogado. Tinha a esperança de frequentar a Escola de Direito da Universidade de Maryland (UMD), mas não podia, porque era negro. A raiva e a frustração que sentiu despertaram nele o desejo por justiça e igualdade. Então, conseguiu o diploma na historicamente negra Universidade Howard.

Após se formar, em 1933, Thurgood começou a trabalhar com o mentor, Charles Houston, para a Associação Nacional para o Progresso de Pessoas de Cor (NAACP). Queria ajudar na luta pelos direitos civis. O maior objetivo deles era anular a decisão da Suprema Corte dos Estados Unidos de que a segregação era legal se as instalações fossem "separadas, mas iguais". Eles sabiam que as instalações não eram nem de longe iguais e que não tinham as mesmas oportunidades que os brancos. Thurgood tinha provas: a Escola de Direito da UMD. Ele e Charles apresentaram o caso nos tribunais de Maryland, argumentando que para que a lei fosse verdade, a UMD precisaria ter uma segunda escola que admitisse estudantes negros. Em 1936, eles ganharam o caso! Foi o primeiro de uma série de casos que apresentaram a fim de anular a segregação legal. Então, em 1954, Thurgood apresentou o caso *Brown contra o Conselho de Educação de Topeka* para a Suprema Corte dos Estados Unidos. Foi um marco para o fim da segregação legal no país!

Em 1967, ele foi nomeado como associado de justiça da Suprema Corte, e se tornaria o primeiro juiz afro-americano. Na longa carreira, ficou conhecido por seu conhecimento da Constituição e até ajudou a Organização das Nações Unidas (ONU) a esboçar as constituições para os recém-formados países de Gana e o que hoje é a Tanzânia. Thurgood passou grande parte da vida lutando por justiça; foi um longo caminho, mas ele nunca perdeu a esperança.

Gordon Parks
1912–2006

FOTÓGRAFO

O mais novo de 15 filhos, Gordon nasceu pobre e negro no Kansas e precisou ser esperto para se virar. Quando tinha 15 anos, a mãe faleceu, e ele foi enviado para morar com a irmã mais velha. O marido dela não gostava de crianças e o expulsou de casa. Sem ter para onde ir, Gordon continuou frequentando a escola e se escondia em vagões de trem à noite, para se manter aquecido. Durante a Grande Depressão, enquanto trabalhava como garçom a bordo de um trem, ele pegou uma revista e viu fotos de trabalhadores migrantes. Aquelas imagens o emocionaram. Gordon as estudou por semanas. Mais tarde, impressionado pelo heroísmo de um fotógrafo de guerra que conhecera, decidiu se tornar fotógrafo para poder capturar e compartilhar as realidades do mundo que vira e vivenciara.

Aprendeu fotografia por conta própria e acabou ganhando uma bolsa ao tirar fotos para a Farm Security Administration, registrando a pobreza e a discriminação, como em *American Gothic* [Gótico Americano], uma de suas fotos mais conhecidas. Durante anos, retratava a vida norte-americana e era fotógrafo de moda, usando carisma e empatia para se conectar com aqueles que estavam diante da lente. Em 1948, foi contratado pela revista *Life* — o primeiro fotógrafo negro da publicação. Gordon se sentia sortudo e queria ajudar outros, então começou a escrever livros, primeiro sobre fotografia, depois sobre a própria vida. O romance semiautobiográfico de 1964, *The Learning Tree* [A árvore do aprendizado], foi um grande sucesso, e ele recebeu uma oferta para adaptar o livro em filme, que aceitou. Ele roteirizou, dirigiu, produziu e gravou *Com o terror na alma*, tornando-se o primeiro diretor negro a trabalhar em Hollywood.

Com o passar dos anos, Gordon escreveu livros, dirigiu filmes, compôs música e até criou um balé em homenagem a Martin Luther King Jr. Não só fez com que percebessem a vivência afro-americana, mas também teve enorme impacto na história, na arte e na moda dos Estados Unidos. Via desafios como oportunidades e usava sua visão única e sua habilidade para compartilhar a própria vida e a dos outros com o mundo.

Jacob Lawrence
1917 – 2000

PINTOR

Jacob e a mãe chegaram ao bairro do Harlem, em Nova York, em 1930. Faziam parte de uma migração histórica de negros norte-americanos, mudando do Sul para o Norte em busca de oportunidades, empregos estáveis e melhores condições de vida. No Norte, havia maiores chances para pessoas negras, até mesmo nas Artes. Percebendo a energia e criatividade do filho de 13 anos, a mãe de Jacob o inscreveu em um curso de Artes. Ele já era tão habilidoso que os instrutores apenas deixavam-no pintar.

Jacob é muito associado com o Renascimento do Harlem, mas ainda era uma criança quando o movimento estava terminando. Apesar de não ser parte do grupo de artistas e pensadores dessa época, alguns deles foram seus professores. Charles Alston e Augusta Savage foram os mentores em Artes, e o historiador Charles Seifert o encorajou a explorar a história negra.

Jacob combinou um estilo de pintura gráfico e moderno com a recém-descoberta apreciação pela história e deu início a uma série de obras biográficas. Em 1938, aos 21 anos, terminou sua primeira coleção digna de nota: uma série de 41 peças retratando a vida e os feitos do líder haitiano Toussaint L'Ouverture.

Em uma época antes de a história negra ser amplamente celebrada, Jacob se esforçou para tornar o nome de Toussaint conhecido. Ele pintou outras figuras históricas, incluindo Harriet Tubman e Frederick Douglass. Sua obra mais famosa é uma série recontando a jornada afro-americana para o Norte, como a experiência pela qual ele e a mãe haviam passado. *The Migration Series* foi uma obra-prima de 60 painéis que catapultou Jacob na cena artística.

Ele não amava toda aquela atenção. Sentia-se culpado por ofuscar os mentores, como Augusta e Charles, e dedicou o resto da vida a fazer arte e ensinar novos artistas. É lembrado pelo uso que fazia da arte para examinar e capturar as experiências de afro-americanos e suas dificuldades diárias.

Ousmane Sembène
1923–2007

DIRETOR DE CINEMA

Quem poderia adivinhar que o filho de um pescador ficaria conhecido como o pai do cinema africano? Criado no Senegal pela avó, uma contadora de histórias, a paixão de Ousmane pelas histórias começou bem cedo. Mas a jornada para se tornar diretor o levaria a diversos países.

Ousmane começou a trabalhar bem novo, atuando como pedreiro e estivador. Testemunhou em primeira mão as dificuldades de seu povo. Quando participou de uma greve do sindicato, viu o impacto que um grupo unido e educado poderia ter em instituições poderosas, conhecimento que traria para os filmes que produzia.

Em 1947, enquanto trabalhava como sindicalista e estivador na França, Ousmane machucou a coluna ao carregar uma carga pesada. Em recuperação, passava horas na biblioteca, onde encontrou escritores e pensadores revolucionários do mundo todo, menos da África. Então, decidiu que precisava compartilhar as histórias dos africanos, e começou a escrever. Publicou diversos livros retratando a vida de pessoas senegalesas, revelando a corrupção no governo e pedindo mudanças sociais. Mas ao viajar pela África Ocidental, notou que apesar de muitas pessoas não saberem ler, elas iam ao cinema; então, decidiu se tornar diretor.

Começou se dedicando de corpo e alma ao primeiro longa-metragem, *Garota negra* (1966), que estreou no Festival de Cannes, um dos maiores festivais de cinema do mundo. Seu próximo filme, *Mandabi* (1968), foi o primeiro produzido na língua nativa uolofe em vez de francês, idioma dominante no Senegal colonial pré-1960. Os filmes de Ousmane irritavam aqueles que estavam no poder, mas eram justamente essas pessoas que ele queria atingir ao defender pessoas comuns. Apesar dos filmes serem censurados em seu país, Ousmane se manteve fiel às crenças e à visão que tinha, criando um estilo africano único de dirigir, inspirado na contação de histórias. Ele colocou o cinema africano no mapa e é celebrado ao redor do mundo por ampliar a voz de pessoas e culturas do continente.

James Baldwin
1924–1987

ESCRITOR E ATIVISTA

Quando tinha 14 anos, James achava que se tornaria pastor como o padrasto. Era um excelente orador, dando sermões em frente à congregação. No entanto, sentia-se frustrado com a Igreja. Por volta dessa época, já percebera que era homossexual. O racismo sistêmico e a homofobia vindos de uma instituição que deveria compartilhar mensagens de bondade e amor faziam com que se sentisse perdido, decepcionado e sozinho. James deixou a Igreja e passou a desenvolver a escrita. Por algum tempo, fez trabalhos temporários enquanto recebia a mentoria de escritores como Richard Wright e Countee Cullen. Enfim, sentindo-se sufocado pelo racismo, deixou o país. Em 1948, foi para Paris, onde podia viver e trabalhar sem medo. Em 1953, publicou seu primeiro romance, *Go Tell It on the Mountain* [Se o disseres na montanha], inspirado nas próprias experiências com a religião, classe social e exílio.

O Movimento dos Direitos Civis estava surgindo nos Estados Unidos, e James queria fazer parte disso. Durante esse período, escreveu sobre como era ser negro no país. Ele sentia que a segregação era a maior fonte de conflitos e que o racismo era tão ruim para a sociedade branca quanto para a negra. Pedia a equidade humana e encorajava a fraternidade em vez da violência. Por vezes, foi criticado pelo pacifismo, mas nunca destilava ódio para as pessoas, apenas para os estabelecimentos e as instituições que diziam o que as pessoas deveriam fazer.

Tornou-se famoso por apresentar seus argumentos de modo elegante, fazendo com que a audiência negra, e a branca, prestassem atenção. Viajou pelo país, dando discursos e aulas, e debateu e fez amizade com alguns dos maiores líderes da época.

Muitos dos ensaios, poemas e romances de James são considerados obras-primas, incluindo *Notas de um filho nativo* e *Da próxima vez, o fogo*. Escrevia abertamente sobre a sua sexualidade em uma época em que ninguém o fazia. James era observado de perto pelo FBI por conta da arte e dos discursos que fazia, talvez porque a agência sabia o poder que ele tinha de inspirar todos à sua volta com mensagens irônicas e ousadas.

Harry Belafonte
1927–2023

CANTOR, ATOR E ATIVISTA

Harry nasceu no Harlem, mas passou grande parte da infância na Jamaica, terra natal da mãe. Em Nova York, ele e os pais imigrantes viviam com outras famílias de diversas partes do mundo. Harry sempre se lembrava do quanto cada família trabalhava, do quão pouco eles ganhavam e de como apoiavam uns aos outros.

Estudar era difícil. Ele sentia que não se dava bem na escola, largando os estudos aos 17 anos para se juntar à Marinha. (Mais tarde, Harry descobriu que era disléxico, o que explicava por que a escola havia sido tão desafiadora para ele.) Descobriu a vocação por acaso: enquanto trabalhava como zelador, ganhou ingressos para uma peça como gorjeta. Harry nunca tinha ido a uma apresentação antes, e se apaixonou pelo teatro. Fez aulas de atuação e começou a fazer audições, mas encontrou o sucesso quando conseguiu um emprego cantando canções populares em uma boate.

Conforme avançava na carreira, Harry escolheu parar de cantar músicas famosas e, em vez disso, passou a cantar as canções de folk caribenho que ouvira enquanto crescia, como "The Banana Boat Song (Day-O)" e "Jump in the Line". Os norte-americanos nunca tinham escutado músicas como aquelas, e Harry se tornou uma sensação, conhecido como o Rei do Calipso. Ao longo da carreira, recebeu inúmeros prêmios, tanto pelas apresentações quanto pelo trabalho humanitário. Nunca aceitava um papel que menosprezasse pessoas negras e fundou a própria produtora, que fazia filmes que desafiavam o estereótipo da negritude. Harry ampliou a voz de culturas sub-representadas e transformou a imagem de pessoas negras na mídia.

Trabalhou com o amigo Martin Luther King Jr. e lutou pelos direitos civis, marchando, protestando e encorajando outras celebridades a fazerem o mesmo. Inclusive ajudou a organizar a Marcha sobre Washington por Trabalho e Liberdade, de 1963. Ele usou o talento, a popularidade e o prestígio que tinha para ajudar a tornar o mundo um lugar melhor. Encorajou futuras gerações de artistas a usarem suas vozes para o bem.

Alvin Ailey
1931 – 1989

COREÓGRAFO

Alvin era uma criança quieta. Conforme crescia em um Texas rural, ele e a mãe viviam se mudando. Mas sempre encontravam uma comunidade nas igrejas locais e salões de dança. Em 1943, mudaram-se para Los Angeles, onde Alvin foi introduzido à dança e ao teatro. Quando ele estava no Ensino Fundamental, fez um passeio para ver o Ballet Russo de Monte Carlos, mas foi a apresentação da companhia de Katherine Dunham, uma das primeiras trupes de dança moderna negra nos Estados Unidos, que despertou o interesse de Alvin. Mesmo assim, só começou a estudar dança ao ver a apresentação de um colega de classe na escola. Alvin não conseguia acreditar que meninos também dançavam!

Em 1949, frequentou o Teatro de Dança Lester Horton, a primeira companhia de dança integrada dos Estados Unidos. Os dançarinos aprendiam técnicas das danças tradicionais dos nativos norte-americanos, dos japoneses, dos caribenhos, dos javaneses e dos balineses. Alvin treinou com Horton durante alguns anos. Quando ele morreu de repente, Alvin assumiu o cargo de diretor e principal coreógrafo, apesar de ter apenas 22 anos!

Em 1954, mudou-se para Nova York. O Movimento dos Direitos Civis havia começado, e ele queria contribuir compartilhando sua arte. Formou o Teatro de Dança Americana Alvin Ailey em 1958 e usou a dança para afirmar que as pessoas negras eram parte da cultura norte-americana. Seu trabalho durante esse período relembrava a infância no Texas. *Blues Suite*, o primeiro solo de sucesso, foi inspirado em um salão de dança que havia frequentado. *Revelations* foi baseado na experiência na igreja batista, sendo apresentado até os dias de hoje.

Ele trabalhava com muitos dançarinos e coreógrafos negros, mas incluía dançarinos de todas as etnias. Apelidados de "Embaixadores culturais dos Estados Unidos para o mundo", a trupe viajava muito. Em 1969, ele abriu o Centro de Dança Americana Alvin Ailey para inspirar a criatividade em comunidades carentes. Alvin ajudou a popularizar a dança moderna internacionalmente e a trazer mais afro-americanos para o ramo, enquanto compartilhava sua visão de negritude.

56

Bill Russell
1934–2022

JOGADOR DE BASQUETE E TREINADOR

Quando criança, Bill era introvertido e desastrado. Após a morte precoce da mãe, ele, o pai e o irmão tiveram que trabalhar como um time e se apoiar. No Ensino Médio, Bill já tinha 1,95 metro de altura e foi convocado para jogar basquete. Não era o melhor jogador, mas era esperto e prestava atenção. Como um bom observador, repetia os movimentos dos adversários, bloqueando arremessos, o que, na época, não era considerado uma jogada limpa. Mas isso levou o time a vitórias e redefiniu a forma como a defesa passaria a jogar.

Apesar de estar aprendendo, Bill se esforçava para ser um bom colega de equipe, ouvindo os companheiros e adaptando seu jogo para apoiá-los. Conforme melhorava as jogadas, Bill venceu campeonatos no Ensino Médio e na faculdade, e ganhou uma medalha de ouro nas Olimpíadas. Em 1956, entrou para o Boston Celtics, e durante os 13 anos em que atuou pelo time, a equipe ganhou 11 campeonatos. Em 1966, tornou-se o jogador-treinador do Celtics, exercendo a função de técnico enquanto ainda jogava. Foi o primeiro treinador negro na Associação Nacional de Basquete (NBA)! Bill acreditava que atletas deveriam ser idolatrados não pelas habilidades em quadra, mas por suas vidas. Sempre defendia aquilo em que acreditava. Ele comandava um acampamento de basquete integrado para jovens no Mississippi enquanto lidava com provocações e ameaças racistas da Ku Klux Klan. Muitos torcedores do Boston Celtics não gostavam que Bill fosse tão engajado e politicamente ativo. Chegaram até a invadir sua casa, pintando as paredes e quebrando troféus. Em 1969, quando se aposentou, Bill jurou nunca mais voltar.

Em 2009, a NBA colocou o nome de Bill no Prêmio de Jogador mais Valioso das Finais, e ele foi homenageado dois anos depois, ao receber de Barack Obama a Medalha Presidencial da Liberdade. Com o passar do tempo, Boston mudou e as pessoas perceberam a sua importância como jogador, treinador e líder. Em 2013, ergueram uma estátua em homenagem a ele. Bill trabalhou muito ao longo da carreira. Nunca abria mão de seus princípios; apenas esperava que o mundo o acompanhasse.

Eddie Mabo
1936-1992

ATIVISTA

Eddie nasceu na ilha Mer no Estreito de Torres, entre a Austrália e a Papua-Nova Guiné. As pessoas dessa comunidade eram nativas da ilha e tinham os próprios hábitos, leis e rituais havia gerações. Ele era determinado, ambicioso e um pouco rebelde: qualidades de um excelente ativista. Quando adolescente, fizeram com que fosse exilado de Murray durante um ano por um pequeno delito. Eddie se mudou para Queensland, na Austrália.

Ao fim do exílio, ele não voltou para casa. Em vez disso, viajou, fez alguns trabalhos temporários e se envolveu com a comunidade indígena, desenvolvendo um espírito de luta. Conheceu a esposa, Bonita, e juntos batalharam pelos direitos da população indígena e tiveram uma grande família. Em 1967, Eddie fez campanha para que aborígenes e moradores das ilhas pudessem votar. Em 1973, ele e Bonita fundaram a Escola Comunitária Negra em Townsville, para que crianças aborígenes tivessem educação cultural e tradicional. Mas foi por meio do trabalho como jardineiro na Universidade James Cook que Eddie encontrou um novo desafio. No campus, ele fez amizade com muitos professores. Durante uma conversa com alguns deles, Eddie comentou a respeito de sua terra natal e da propriedade em Murray. Eles ficaram surpresos ao ouvir que Eddie acreditava que era dono daquelas terras. Ele ficou chocado ao ouvir que não era. No século XVIII, quando os colonizadores europeus foram para a Austrália pela primeira vez, criaram regras que diziam que aquela área era "terra nullius", ou "terra de ninguém", e que poderia ter virado propriedade do governo.

Eddie sabia que aquilo não era certo, e começou uma batalha legal pelo direito tradicional de propriedade de terra. O entrave durou quase dez anos. Naquela época, a saúde e o ânimo de Eddie já estavam se deteriorando, e ele faleceu em janeiro de 1992. No dia 3 de junho do mesmo ano, a Suprema Corte da Austrália decidiu a favor dos habitantes da ilha. A lei, que foi um marco divisório, é conhecida como a Decisão de Mabo. O trabalho de Eddie mudou o cenário legal e político da Austrália para sempre! O dia 3 de junho é agora celebrado como o Dia de Mabo.

Paul Stephenson
1937–2024

ATIVISTA

Apesar de ter crescido durante a Segunda Guerra Mundial, Paul teve uma infância feliz. Tinha 2 anos quando a guerra começou, e foi levado de Londres para o interior. Já que a mãe estava no Exército e o pai havia retornado à África Ocidental, ele cresceu em um orfanato. Paul, a única pessoa negra na cidade, era tratado com ternura, mas também com curiosidade. Ser diferente o fazia prestar mais atenção nos adultos à sua volta, algo que viria a ser muito útil.

Quando voltou para Londres, Paul vivenciou a hostilidade do racismo pela primeira vez. Apesar disso, tinha orgulho de ser britânico e queria justiça para todos. Aos 15 anos, alistou-se na Força Aérea Real. Após 7 anos de serviço, mudou-se para Bristol, onde se tornou o primeiro assistente social negro da cidade.

Ao chegar a Bristol, testemunhou o racismo que muitos imigrantes caribenhos estavam vivenciando. A Bristol Omnibus Company, por exemplo, recusava-se a empregar motoristas negros e asiáticos. Inspirado pelo trabalho de ativistas dos direitos civis nos Estados Unidos, como Martin Luther King Jr. e Rosa Parks, Paul deu início a um boicote dos ônibus, que durou 60 dias. No dia 28 de agosto de 1963, mesmo dia em que o dr. King fez o discurso "Eu tenho um sonho", a companhia de ônibus anunciou que contrataria motoristas negros e asiáticos!

Paul não parou por aí. Em 1964, recusaram-se a servi-lo em um pub pelo fato de ser negro. Em protesto, ele decidiu ficar ali até que fosse atendido. Foi preso, e o julgamento recebeu a atenção da mídia, forçando a Grã-Bretanha a confrontar o racismo. Paul foi considerado inocente, e o primeiro-ministro britânico prometeu a ele que as leis mudariam. Em 1965, o Ato das Relações Raciais foi aprovado, tornando a discriminação racial em locais públicos ilegal, e o trabalho de Paul ajudou que isso acontecesse.

Paul mostrou que é importante defender o que é certo, independentemente se a luta for grande ou pequena. Ele colocou o racismo britânico no foco das atenções e ajudou a guiar o país para que se tornasse um lugar melhor.

John Lewis
1940–2020

ATIVISTA E MEMBRO DO CONGRESSO

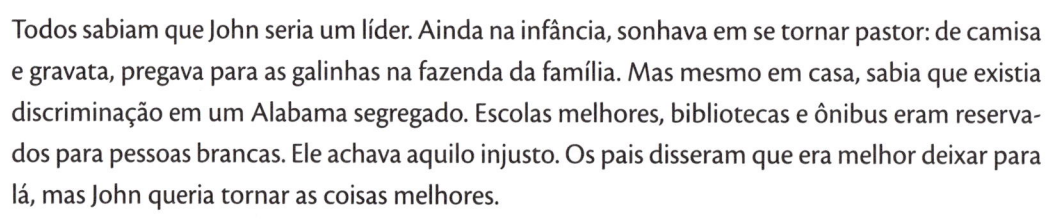

Todos sabiam que John seria um líder. Ainda na infância, sonhava em se tornar pastor: de camisa e gravata, pregava para as galinhas na fazenda da família. Mas mesmo em casa, sabia que existia discriminação em um Alabama segregado. Escolas melhores, bibliotecas e ônibus eram reservados para pessoas brancas. Ele achava aquilo injusto. Os pais disseram que era melhor deixar para lá, mas John queria tornar as coisas melhores.

Quando tinha 15 anos, ouviu o dr. Martin Luther King Jr. na rádio, explicando que protestos pacíficos como marchas e boicotes estavam ajudando a dar um fim à segregação. Inspirado, compareceu à sua primeira marcha. Na faculdade, escreveu para o dr. King, pedindo conselhos para fazer mais. E o dr. King respondeu, encontrando-se com ele e se tornando um amigo e mentor!

John organizou protestos sentados e se juntou aos Passageiros da Liberdade, quando ativistas negros e brancos se sentavam juntos em restaurantes e ônibus segregados. Aos 23 anos, era um dos "Big Six", líderes dos direitos civis que trabalhavam com o dr. King para, juntos, organizarem a Marcha sobre Washington por Trabalho e Liberdade de 1963. Em 1965, John e 600 outras pessoas planejavam marchar de Selma para Montgomery, no Alabama. Quando cruzaram a ponte Edmund Pettus, policiais do estado esperavam por eles. As tropas atacaram aqueles que protestavam, deixando muitos feridos, incluindo John, que fraturou o crânio. As imagens da marcha — e de pessoas que protestavam de forma pacífica sendo atacadas — foram parar nos jornais de todo o país. Os norte-americanos ficaram horrorizados, e isso levou a uma onda de apoio aos direitos civis.

Ao longo dos anos, John recebeu muitas homenagens por lutar pelos direitos dos companheiros e continuou a protestar de forma pacífica. De 1987 até sua morte, em 2020, ocupou uma cadeira na Câmara dos Representantes dos Estados Unidos, representando o quinto distrito de Atlanta. Em 2016, liderou um protesto sentado no Capitólio dos Estados Unidos para lutar por leis de controle de armamentos. Quando criança, John queria mudar o mundo, e depois de adulto, passou a mudá-lo.

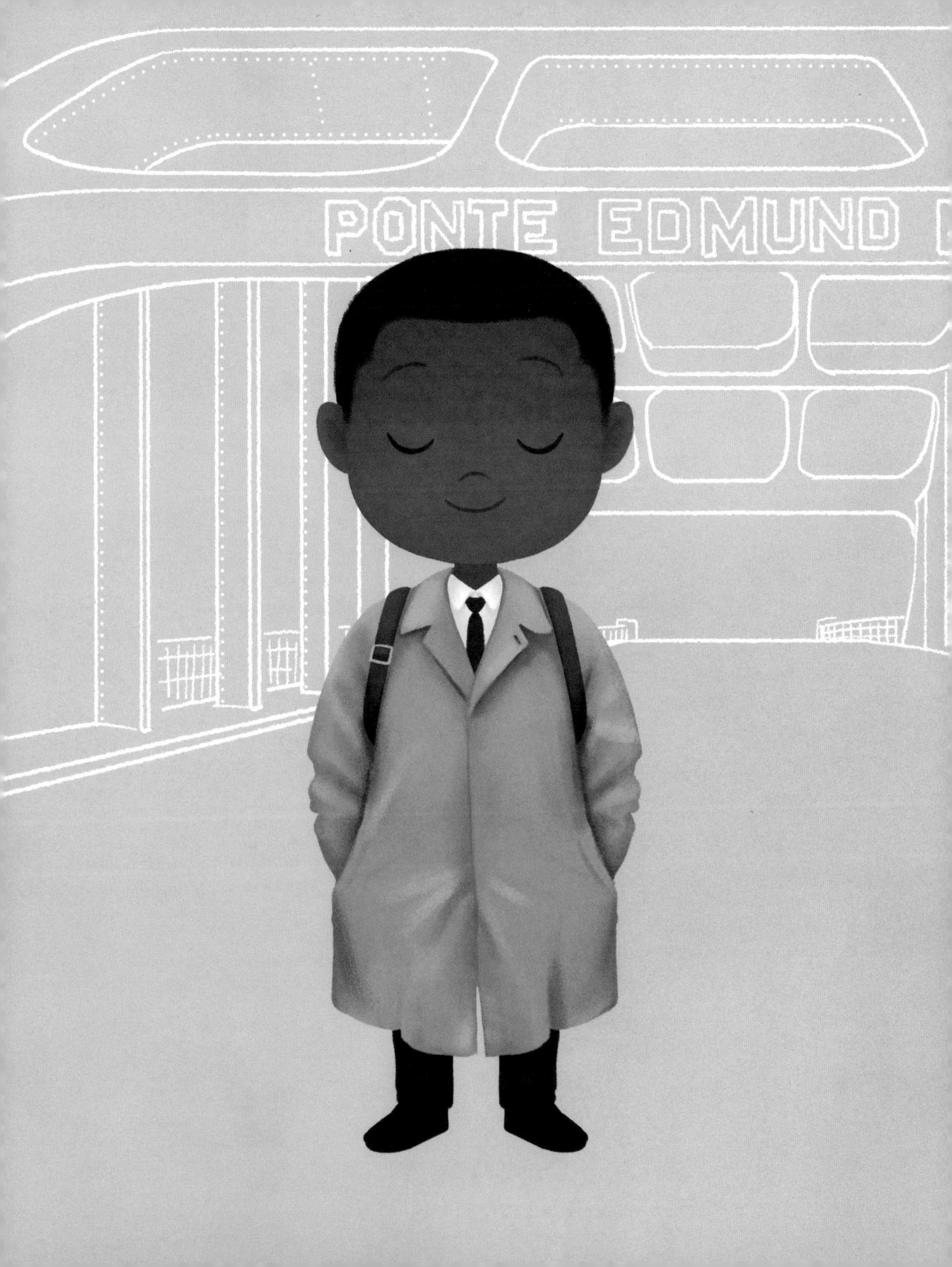
PONTE EDMUND

Arthur Ashe
1943-1993

JOGADOR DE TÊNIS

Crescendo em Richmond, em uma Virgínia segregada, era improvável que um menino negro como Arthur viesse a jogar tênis, um esporte historicamente branco. Por sorte, o pai era porteiro de um parque que tinha instalações para pessoas negras. Aos 6 anos, ele já tinha uma raquete nas mãos!

Conforme crescia, a segregação e outras formas de discriminação o impediram de treinar com frequência, mas ele conheceu o dr. Robert Walter Johnson, que comandava um acampamento de tênis em Lynchburg para atletas negros (incluindo a campeã feminina Althea Gibson). Tanto o dr. Johnson quanto o pai de Arthur eram disciplinados e exigentes. Eles o ensinaram a sempre se manter calmo, porque as ações de atletas negros em quadra tinham consequências reais.

Arthur jogou em campeonatos para brancos e abriu portas para outros atletas racializados. Em 1968, venceu o primeiro US Open da era moderna, e, em 1975, foi o primeiro atleta negro a vencer em Wimbledon. Na quadra, ele era uma estrela, mas fora dela era tímido.

Com o África do Sul Open, Arthur encontrou a oportunidade de usar sua voz. Naquela época, a África do Sul praticava um regime de segregação conhecido como apartheid, e o governo não permitia que ele entrasse no país para competir. Arthur se defendeu. Chegou até a testemunhar em frente ao Congresso, dizendo que "atletas, em especial atletas negros, precisam usar todos os recursos que têm para consertar aquilo que está errado". Em 1973, a África do Sul enfim permitiu que ele entrasse no país para jogar o campeonato. Ao longo dos anos, ele continuou a usar a voz para denunciar o racismo ao redor do mundo.

Na década de 1980, Arthur foi infectado pelo vírus HIV durante uma cirurgia no coração. Manteve o diagnóstico em segredo até 1992, quando o usou como uma oportunidade para falar a respeito dos direitos das pessoas soropositivas, incluindo aquelas que, como ele, tinham sido diagnosticadas com AIDS. Continuou defendendo minorias até falecer, em 1993. Arthur provou que mesmo uma pessoa tímida pode usar a voz para mudar o mundo.

André Leon Talley
1949–2022

EDITOR DE MODA

Conforme crescia, André desenvolveu grande apreciação pela moda. Foi criado em Durham, Carolina do Norte, pela avó, uma empregada doméstica. Apesar de não terem muito, eram caprichosos com o pouco que tinham. Iam para a igreja todos os domingos com roupas recém-passadas. Frequentar uma igreja negra no Sul era quase como ir a um desfile de moda, e André viu como roupas podiam fazer as pessoas se sentirem diferentes. Com a combinação certa, os moradores da pequena cidade poderiam se transformar em aristocratas. Encontrou um exemplar da revista *Vogue* na biblioteca, e logo acumulou as próprias pilhas de revistas, com páginas pregadas nas paredes do quarto.

Recebeu uma bolsa para estudar na Universidade Brown, onde cursou Literatura Francesa e fez amizade com estudantes da Escola de Design de Rhode Island (RISD). André desenvolveu um senso de estilo icônico, vestindo capas e chapéus fedora, e encontrou a voz criativa, escrevendo uma coluna para o jornal da RISD.

Após a formatura, mudou-se para Nova York e conheceu a ídola, Diana Vreeland, a visionária ex-editora-chefe da *Vogue*. Ela estava dirigindo o Instituto de Indumentária no Museu de Arte Metropolitana (MET). André era estagiário lá, e a impressionou tanto que Diana se tornou sua mentora e amiga. Em 1983, conseguiu seu primeiro emprego na *Vogue*, cobrindo desfiles de moda em todo o mundo. Cinco anos depois, tornou-se diretor criativo da revista e, em 1998, editor-geral. A indústria da moda tem sido historicamente dominada pela alta sociedade branca, sendo a *Vogue* a principal publicação. E, durante anos, André, um homem negro de 1,98 metro, da Carolina do Norte, foi uma das principais vozes da revista!

Apesar de subir no ranking da moda, André sempre manteve os pés no chão. Ele defendia ativamente a diversidade no ramo. As pessoas que mais influenciaram André — sua avó e a sra. Vreeland — demonstraram amor incondicional a ele, e foi isso que ele refletiu no mundo. André provou que graciosidade e gentileza estão sempre na moda.

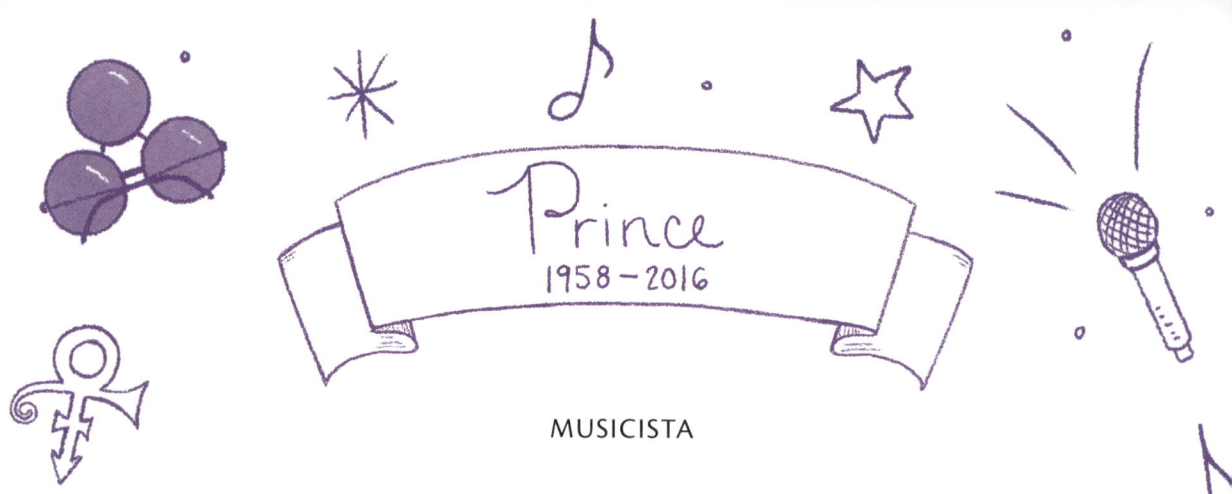

Prince
1958 – 2016

MUSICISTA

Filho de dois musicistas, Prince Rogers Nelson cresceu em Minneapolis, cercado por música. Começou a tocar piano e compôs sua primeira canção aos 7 anos! Com o tempo, aprendeu sozinho a tocar guitarra, baixo e bateria.

Aos 12 anos, o divórcio dos pais mudou sua vida. Para piorar, tinha epilepsia e sofria bullying na escola por ser baixinho. Era tímido e inseguro, mas todos os problemas desapareciam quando tocava música.

Na adolescência, Prince formou sua primeira banda, Grand Central. Para disfarçar a insegurança, usava roupas chamativas e era tão barulhento, animado e estranho quanto possível ao se apresentar. A música era uma mistura de funk, disco, rock, R&B e gospel. Ninguém tinha ouvido algo assim antes, e ele foi disputado por vários produtores.

Em 1979, formou uma nova banda, a Revolution, cujos membros eram negros e brancos, homens e mulheres. Quando se apresentavam, todos se vestiam para impressionar, e às vezes, os homens usavam roupas consideradas femininas e vice-versa. Isso fez com que algumas pessoas se sentissem desconfortáveis, mas os fãs eram inspirados a fazer o que quisessem e a ser eles mesmos, independente do que outros pensassem.

Prince e a Revolution tiveram alguns dos álbuns mais vendidos de todos os tempos, incluindo *Parade*, de 1999, e *Purple Rain*, trilha sonora do filme *Purple Rain*, estrelando... Prince! Em 1984, ele se tornou um dos poucos artistas com álbum e filme em primeiro lugar, e até ganhou um Grammy e um Oscar.

Prince gostava de mudar as coisas o tempo todo, e cada mudança alimentava sua criatividade. Criou tendência com as escolhas ousadas e é lembrado tanto pelo estilo e pela personalidade chamativos quanto pelas muitas músicas que compôs. Sempre tentou ajudar as pessoas em sua comunidade e até mesmo era mentor de novos artistas. Foi um musicista virtuoso, compositor e vocalista que ficará marcado na história como um dos maiores do mundo da música.

Chuck D
1960–

RAPPER

Nascido Carlton Ridenhour, Chuck sempre teve uma voz potente. Quando estava crescendo em Long Island, próximo a Nova York, os pais o matricularam em um curso de verão comandado por ex-membros do Partido dos Panteras Negras, grupo político militante formado na década de 1960 que encorajava o orgulho negro. Os pais queriam que ele aprendesse a respeito de sua história e usasse a voz para elevar a moral do povo, mas naquela época ele estava mais interessado em mandar nos irmãos mais novos e praticar para ser comentarista esportivo. Quando Chuck aprendeu um novo tipo de música do Bronx chamado rap, apaixonou-se. Mas levaria algum tempo até que combinasse a voz, a história e a música.

Chuck estudou Design Gráfico na faculdade e criou flyers para concertos locais de hip-hop enquanto trabalhava como DJ na rádio da faculdade com os amigos. Quando um produtor quis que ele assinasse com a Def Jam Records, Chuck pensou que por ter 26 anos estava velho demais para isso. Mas isso significava que ele tinha uma perspectiva diferente dos rappers novos que estavam surgindo. Enfim, ele se convenceu e, com os amigos do programa de rádio, formou o grupo Public Enemy. Encarava o rap como uma forma de falar a respeito da influência da comunidade negra, dizia que o ritmo era a "televisão da América negra". Cantava sobre racismo, política, cultura e a importância de se unir e se elevar.

No começo, o Public Enemy enfrentou dificuldades. As letras eram consideradas políticas demais para tocar nas rádios, que determinavam quem faria ou não sucesso. Mas quando o popular diretor Spike Lee usou a canção "Fight the Power" em seu filme *Faça a coisa certa* (1989), a audiência do grupo cresceu.

Em 2013, Public Enemy foi empossado no Hall da Fama do Rock and Roll, um dos poucos representantes do rap e do hip-hop. A inteligência e a dedicação de Chuck para a mudança política e social fizeram dele um símbolo do gênero. Tanto como ativista quanto como artista — ou como ele mesmo diz, "raptivista" —, Chuck e sua voz poderosa serão ouvidos por gerações.

Dwayne McDuffie
1962-2011

AUTOR DE HISTÓRIAS EM QUADRINHOS E EDITOR

Quando criança, Dwayne amava duas coisas acima de tudo: Ciências e ficção científica. Inscrevia-se em várias feiras de ciência e lia todas as revistas em quadrinhos que encontrava. Sempre sonhou em um dia juntar as duas paixões e se tornar um astronauta, mas algo aconteceu quando ainda estava no Ensino Médio que o guiou para outro caminho: só por diversão, Dwayne gravou um filme engraçadinho sobre o Batman. Todos amaram, e Dwayne começou a pensar que poderia transformar seu talento para criar histórias em uma profissão.

Formou-se na Universidade de Michigan com mestrado em Física, mas em 1983 se mudou para Nova York para cursar Cinema. Um dia, um amigo lhe contou que havia uma vaga na Marvel Comics para trabalhar com cartões colecionáveis de super-heróis. Depois disso, Dwayne logo foi sendo promovido, criando roteiros de personagens como Homem-Aranha, Capitã Marvel e She-Hulk, enquanto fazia a própria revista em quadrinhos, chamada *Controle de danos*.

Enquanto trabalhava na indústria de quadrinhos, percebeu que não havia muitos personagens negros, e os que via não pareciam autênticos. Então decidiu mudar isso. Em 1993, Dwayne e outros quadrinistas negros fundaram a Milestone Media. Lá, poderiam publicar os próprios quadrinhos e personagens para representar suas culturas. Contavam histórias baseadas nos problemas da época — racismo, violência, pobreza —, misturando-os com alguns enredos favoritos dos leitores: alienígenas que mudavam de forma e mutantes gigantes.

Milestone acabou por se tornar a mais bem-sucedida editora de quadrinhos cujos fundadores faziam parte de minorias da história. O personagem Super Choque foi um grande sucesso e ganhou uma série de TV animada, com Dwayne como roteirista e produtor. Ele era tão bom que foi convidado para fazer o roteiro de outras animações, como *Liga da Justiça sem limites* e *Os Jovens Titãs*. Entretanto, nunca se esqueceu de suas raízes, e voltou a fazer quadrinhos, escrevendo para a Liga da Justiça e o Quarteto Fantástico. Dwayne foi um verdadeiro campeão ao trazer a inclusão para os quadrinhos e ao usar a fantasia e o humor para entreter e educar os leitores.

Leland Melvin
1964–

ASTRONAUTA

Leland não sonhava em ser astronauta. Viu o homem pousar na Lua pela televisão com a família, mas como ninguém ali se parecia com ele, nunca chegou a sequer pensar em seguir aquela profissão. Queria era ser como Arthur Ashe, a estrela do tênis que treinava a poucos quarteirões de onde ele cresceu, em Lynchburg, Virgínia.

Quando estava começando a se dedicar aos esportes, ganhou o primeiro kit de Química e acidentalmente queimou o carpete, deixando um buraco! Ficou maravilhado com o poder das substâncias quando misturadas. Leland se formou em Química com uma bolsa para jogar futebol americano na Universidade de Richmond. Os colegas de classe não conseguiam acreditar que ele era, ao mesmo tempo, acadêmico e atleta. Após se formar, foi convocado para a Liga Nacional de Futebol Americano (NFL). Infelizmente, machucou o tendão enquanto treinava. Isso poderia ter sido o fim dos sonhos de Leland, mas sua outra paixão, a ciência, o chamava.

Ele conseguiu emprego no Centro de Pesquisa Langley da NASA enquanto fazia mestrado na Universidade de Virgínia. Lá, um amigo sugeriu que Leland se inscrevesse para a vaga de astronauta. Foi aceito de primeira! Mas ser um candidato não significava que iria para o espaço. Recebeu treinamento, onde se machucou mais uma vez. Estava no Laboratório de Flutuação Neutra, uma grande piscina feita para simular a sensação de estar no espaço, quando sofreu danos no ouvido que o deixaram parcialmente surdo — e inapto para fazer uma viagem espacial. Mas isso não fazia dele menos astronauta. Durante muitos anos, trabalhou no Centro Espacial Johnson, em Houston, e visitou escolas para palestrar sobre a NASA. Após se curar, descobriu que fora aprovado para voar. Em 2008, foi para o espaço na 24ª missão para a Estação Espacial Internacional, no ônibus espacial *Atlantis*.

No futebol americano, Leland aprendeu a ter perseverança e a trabalhar em equipe, e na carreira como cientista e astronauta, aprendeu a ter paciência e a se adaptar. Ao longo da vida, descobriu que nenhum plano era certo, mas a dedicação permitiria que alçasse novos voos.

Sir David Adjaye
1966–

ARQUITETO

Como filho de um diplomata ganense, David morou em muitos países. Aprendeu a respeito de diversas culturas e diferentes formas de arte. Quando o irmão mais novo de David teve paralisia muscular e começou a usar cadeira de rodas, a família se mudou de vez para Londres para ter acesso a bons tratamentos médicos. David nunca se esqueceu de como a família precisava usar entradas para pessoas com deficiência mal estruturadas e humilhantes.

Na escola, ele se destacava em diversas matérias, mas quando um dos professores o encorajou a fazer um curso de Artes, descobriu a arquitetura. David apreciou seu poder de moldar sociedades e servir comunidades. Depois de estudar na Academia Real de Artes, viajou por todo o mundo, observando como as construções se mesclavam com o ambiente. Os designs de David são conhecidos pelo uso de padrões, muitos influenciados pela herança africana. As janelas azuis e verdes nas Idea Stores em Londres lembram o padrão arrojado e geométrico do tecido kente, ao mesmo tempo em que imitam toldos. A experiência que ele teve com o irmão o fez pensar na responsabilidade social de um arquiteto. Seu projeto para a Escola de Administração de Moscou SKOLKOVO é composto por quatro edifícios, todos conectados para que ninguém precise sair durante os invernos gelados.

Com o Museu Nacional de História e Cultura Afro-Americana, inaugurado em 2016, David estava projetando mais do que um edifício, estava criando um monumento real que fica no Passeio Nacional, não muito longe do Monumento de Washington e do Memorial de Martin Luther King Jr. A estrutura para abrigar memórias dolorosas precisava ser bela, mas David também queria que fosse uma alegre celebração da história negra no país, por dentro e por fora. Usou designs de metal influenciados por artesãos negros do Sul dos Estados Unidos e projetou a forma do edifício em três níveis, inspirado em uma coroa iorubá. Em 2017, David foi nomeado cavaleiro por seus serviços à arquitetura. Ele continua a usar a curiosidade e a criatividade para tornar o mundo um lugar mais bonito e com mais consciência social.

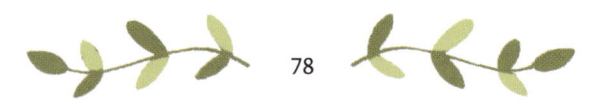

Mais Pequenos Grandes Visionários

Há homens excepcionais em todo lugar. Quando estávamos anotando as ideias para este livro, a lista original tinha mais de cem nomes! Infelizmente, não foi possível escrever todas as histórias que merecem ser contadas, mas é apenas uma prova de quantas coisas maravilhosas as pessoas já fizeram no mundo.

Com certeza não foi fácil elaborar a lista completa, então aqui na seção de "Mais Pequenos Grandes Visionários" você encontrará outras 18 figuras incríveis da história. Pode ser que conheça alguns deles, como o primeiro presidente negro dos Estados Unidos, ou o homem que fez o discurso "Eu tenho um sonho", e pode ser que outros sejam novidade para você, como o homem que ensinou taxidermia a Charles Darwin, ou o primeiro afro-americano no espaço. Alguns até tiveram papel importante nas vidas dos visionários já mencionados neste livro. Você encontrará um bom equilíbrio entre aprender sobre pessoas novas e conectar alguns pontos!

Se quiser descobrir mais a respeito dessas figuras, veja a seção "Leituras complementares". Ali há ótimos recursos para você continuar se informando.

JOHN EDMONSTONE
final do século XVIII – desconhecido

Escravizado liberto no território que hoje conhecemos como Guiana, ensinou taxidermia para Charles Darwin na Universidade de Edimburgo. Viajante que era, contou para Charles a respeito da vida selvagem na Guiana e em outros lugares da América do Sul, o que pode ter influenciado Darwin a estudar História Natural.

VICENTE GUERRERO
1782–1831

Nascido como um camponês no México, ele era líder do exército insurgente contra o domínio espanhol e ajudou a conquistar a independência do país em 1821. Tornou-se o segundo presidente do México em 1829, arrecadou tributos para ajudar os pobres e aboliu a escravidão.

W. E. B. DU BOIS
1868–1963

Intelectual e ativista, ajudou a formar a Associação Nacional para o Progresso de Pessoas de Cor (NAACP) em 1909 com o objetivo de lutar pelos direitos civis das pessoas negras. Ajudou a fundar a revista *Crisis* e escreveu vários livros sobre o racismo e seus efeitos, incluindo o clássico *As almas do povo negro*, que continua sendo uma obra de referência até os dias de hoje.

GEORGE DIXON
1870–1909

Considerado por muitos o maior lutador do século XIX, foi o primeiro campeão negro em qualquer esporte no mundo e o primeiro boxeador canadense a ser campeão. Rápido e esperto, recebeu os cinturões peso-galo e peso-pena.

CARTER G. WOODSON
1875–1950

Um aprendiz voraz, ele viajou pelo mundo e conheceu muitas pessoas diferentes. Percebeu o quanto relembrar o passado era importante para entender o presente. Em 1926, deu início à Semana da História Negra, que se tornou o Mês da História Negra, e escreveu muitos livros sobre o tema.

FREDERICK "FRITZ" POLLARD
1894–1986

O primeiro técnico africano e nativo americano no que se tornaria a NFL. Ele foi o primeiro jogador negro a participar do Rose Bowl, em 1916, pela Universidade Brown, e a vencer um campeonato, em 1920, pelo Akron Pros. Era chamado de Torpedo Humano.

ROBERT "WHIRLWIND" JOHNSON
1899–1971

O primeiro médico negro a receber direitos de prática no Hospital Geral Lynchburg. Ele também criou um programa de tênis gratuito para crianças negras, para ensinar valores positivos e acabar com a segregação no tênis na Virgínia. Seus alunos mais famosos foram Althea Gibson e Arthur Ashe.

BAYARD RUSTIN
1912–1987

Um dos primeiros líderes do Movimento dos Direitos Civis e um homem abertamente homossexual, ele orientou Martin Luther King Jr. e o apresentou ao protesto não violento. Foi um dos principais organizadores da Marcha sobre Washington por Trabalho e Liberdade, de 1963.

NELSON MANDELA
1918–2013

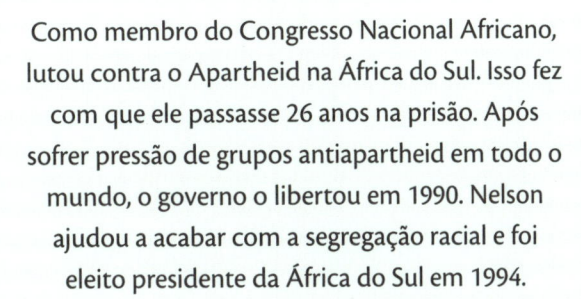

Como membro do Congresso Nacional Africano, lutou contra o Apartheid na África do Sul. Isso fez com que ele passasse 26 anos na prisão. Após sofrer pressão de grupos antiapartheid em todo o mundo, o governo o libertou em 1990. Nelson ajudou a acabar com a segregação racial e foi eleito presidente da África do Sul em 1994.

JACKIE ROBINSON
1919–1972

Foi o primeiro jogador negro da Liga Principal de Beisebol (MLB), em 1947, e ganhou o prêmio de jogador mais valioso apenas dois anos depois. Seu sucesso no jogo que era o passatempo dos norte-americanos mostrou que os negros podem se destacar se tiverem oportunidades iguais. Ele inspirou as pessoas a lutarem por igualdade.

MEDGAR EVERS

1925–1963

Como secretário de campo da NAACP no Mississippi, organizou boicotes a empresas brancas segregadas e ajudou pessoas negras a se registrarem para que pudessem votar. Investigou o linchamento de Emmett Till. Medgar foi assassinado por um supremacista branco, o que fez com que muitos se inspirassem a lutar pelos direitos civis.

MALCOLM X

1925–1965

Quando sua família foi alvo de supremacistas brancos, o jovem Malcom voltou-se para o crime. Na prisão, converteu-se ao Islã e se tornou porta-voz da Nação do Islã. Um eterno estudante, desenvolveu uma filosofia de empoderamento negro e autodeterminação, e defendeu os direitos humanos e civis.

BERRY GORDY
1929–

Fundador da Motown, ajudou a popularizar o R&B e a desenvolver o som de alguns dos artistas mais proeminentes das décadas de 1960 e 1970. Foi o responsável pelo início da carreira de Temptations, Diana Ross e Supremes, Stevie Wonder e Jackson 5.

DR. MARTIN LUTHER KING JR.
1929–1968

Um dos líderes dos direitos civis mais proeminentes do mundo e uma inspiração para milhões. Como presidente da Conferência da Liderança Cristã no Sul, pressionou o governo dos Estados Unidos a aprovar a Lei dos Direitos Civis de 1964 e a Lei dos Direitos de Voto de 1965.

FLOYD NORMAN
1935–

Como o primeiro animador negro da Disney, ele trabalhou em *A Bela Adormecida, Mulan, Toy Story 2* e muito mais. Foi cofundador da Vignette Films, criada para fazer filmes sobre a história negra, e é autor de muitos livros sobre desenhos animados, técnicas de animação e a indústria cinematográfica.

GUION "GUY" BLUFORD
1942–

Primeiro afro-americano a ir para o espaço, em 1983. Participou de quatro missões de ônibus espaciais em nove anos, registrando 688 horas fora do planeta. Conduziu muitos experimentos científicos enquanto estava no espaço, inclusive estudando os efeitos do voo espacial no corpo humano.

DJ KOOL HERC
1955–

Um dos fundadores do hip-hop. Desenvolveu o som enquanto trabalhava como DJ em festas no Bronx, em Nova York, na década de 1970. Foi o inventor da técnica do "carrossel", usando dois toca-discos para estender a pausa instrumental de uma música.

BARACK OBAMA
1961–

Primeiro presidente negro dos Estados Unidos, recebeu o Prêmio Nobel da Paz no primeiro mandato. Ele ajudou a tirar o país da Grande Recessão de 2008 e assinou a Lei de Proteção e Cuidado Acessível ao Paciente, possibilitando o acesso à saúde para milhões de cidadãos.

DESENHE SEU PRÓPRIO PEQUENO GRANDE VISIONÁRIO

Já que há tantos nomes que não couberam neste livro, quero dar a você a oportunidade de criar seu próprio Pequeno Grande Visionário! Use a página a seguir para desenhar alguém que você considera um visionário. Quem você acha excepcional? Pode ser você ou alguém que o inspire: um amigo, um adulto, uma figura histórica ou até um personagem brasileiro.

Pode ser **Jesse Owens**, a estrela das pistas de corrida que ganhou quatro medalhas de ouro e provou que Hitler estava errado nas Olimpíadas de Verão de 1936. Ou **Jean-Michel Basquiat**, o visionário jovem pintor que, em 1980, elevou o grafite à elite do mundo das Artes. Ou quem sabe **Mansa Musa**, um dos homens mais ricos da história. Ou até mesmo **Toussaint L'Ouverture**, o revolucionário que lutou pela liberdade do Haiti, tornando-o o primeiro país independente do Caribe. Pense em algumas lendas do jazz como o pianista **Duke Ellington**, o trompetista **Miles Davis** ou o saxofonista **Charlie "Bird" Parker**. Ou talvez o dramaturgo **August Wilson**, o ativista **Marcus Garvey**, o explorador **Matthew Henson**… A lista nunca acaba!

Quando desenho, começo com alguns passos simples. Primeiro, eu me pergunto: se eu fosse me vestir para parecer com essa pessoa, que roupa escolheria? Como arrumaria meu cabelo? Há algum traço característico, como sardas ou um bigode? Depois, penso em momentos importantes na vida da pessoa para desenhar algo no fundo que identifique um momento ou um lugar. Para Matthew Henson, talvez algo como neve e gelo para parecer o Polo Norte. E, por fim, gosto de descobrir se há itens ou acessórios importantes que a pessoa possa estar segurando ou que eu possa colocar nos desenhos ao redor: um pincel para Jean-Michel Basquiat e medalhas de ouro para Jesse Owens. A melhor parte é que não há regras, então se divirta! Continue fazendo perguntas e continue aprendendo!

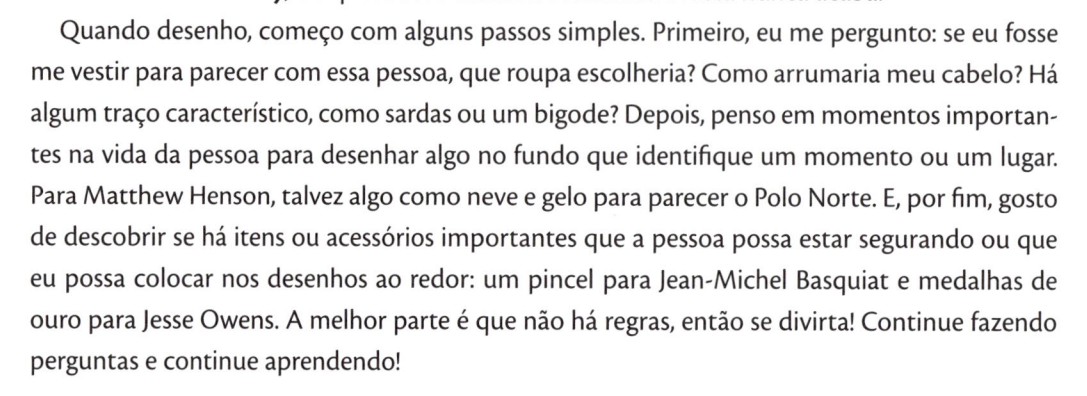

Leituras Complementares

PARA LER, VER E ESCUTAR

Meu lugar favorito para começar a pesquisar sobre pessoas incríveis é direto na fonte. Adoro assistir a entrevistas e ler autobiografias. Esta seção está repleta de recursos, incluindo livros, músicas e filmes criados pelos homens talentosos sobre os quais você acabou de ler. Você pode usar essas ferramentas para continuar investigando e descobrindo ainda mais depois de terminar este livro.

LEIA OS LIVROS DELES

James Baldwin: *Little Man, Little Man: A Story of Childhood* [Pequeno homem, pequeno homem: a história de uma infância]

Frederick Douglass: *Autobiografia de um escravo*

Langston Hughes: *The Weary Blues* [O blues cansado]

Dwayne McDuffie: *Super Choque*

Leland Melvin: *Chasing Space (Young Reader's Edition)* [Perseguindo o espaço – edição para jovens leitores]

Barack Obama: *Of Thee I Sing: A Letter to My Daughters* [Sobre você, eu canto: uma carta para minhas filhas]

ASSISTA AO TRABALHO DELES

Com o terror na alma (1969): escrito e dirigido por Gordon Parks

O carroceiro (1968): escrito e dirigido por Ousmane Sembène

Super Choque (série televisiva, 2000-2004): criado por Dwayne McDuffie

O símbolo dos resistentes (1920): escrito e dirigido por Oscar Micheaux

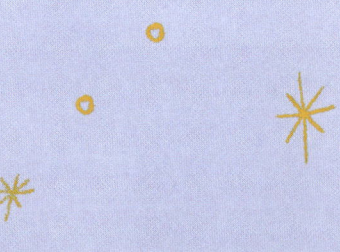

OUÇA A MÚSICA DELES

Louis Armstrong: "What a Wonderful World" (1967)

Harry Belafonte: "The Banana Boat Song (Day-O)" (1955)

Chuck D: "Public Enemy No. 1" (1987)

Langston Hughes: *Weary Blues,* álbum por Charles Mingus, Langston Hughes e Leonard Feather (1958)

Prince: "Purple Rain" (1984)

Paul Robeson: "Ol' Man River" (1936)

FILMES SOBRE OS PEQUENOS GRANDES VISIONÁRIOS

Eu não sou seu negro (2016)

O Evangelho segundo André (2017)

Jazz: um filme de Ken Burns (2001)

Langston Hughes: Poet, Social Activist, Novelist, Playwright & Literary Giant [Langston Hughes: poeta, ativista, romancista, dramaturgo e gigante literário] (2016)

Mr. Civil Rights: Thurgood Marshall & the NAACP [Sr. Direitos Civis: Thurgood Marshall e a NAACP] (2014)

LIVROS SOBRE OS PEQUENOS GRANDES VISIONÁRIOS

Jabari Asim, com arte de E. B. Lewis: *Preaching to the Chickens: The Story of Young John Lewis* [Pregando para as galinhas: a história do jovem John Lewis]

Jacob Lawrence, arte, com poemas de Walter Dean Myers: *The Great Migration: An American Story* [A grande migração: uma história americana]

Vaunda Micheaux Nelson, com arte de R. Gregory Christie: *Bad News for Outlaws: The Remarkable Life of Bass Reeves, Deputy U.S. Marshal* [Más notícias para os fora da lei: a vida notável de Bass Reeves, delegado americano]

Andrea Davis Pinkney, com arte de Brian Pinkney: *Martin & Mahalia: His Words, Her Song* [Martin & Mahalia: as palavras dele, as canções dela]

Carole Boston Weatherford, com arte de Eric Velasquez: *Schomburg: The Man Who Built a Library* [Schomburg: o homem que montou uma biblioteca]

Carole Boston Weatherford, com arte de Jamey Christoph: *Gordon Parks: How the Photographer Captured Black and White America* [Gordon Parks: como o fotógrafo capturou a América preta e branca]

WEBSITES PARA PESQUISA

Gordonparksfoundation.org

Mabonativetitle.com

Motownmuseum.org

NAACP.org

NASA.gov

Nmaahc.si.edu

Nobelprize.org

Nytimes.com/spotlight/overlooked

FONTES

AHEARN, Charlie; FRICKE, Jim. *Yes, Yes, Y'all: The Experience Music Project Oral History of Hip-Hop's First Decade*. Boston: Da Capo, 2002.

ASHE, Arthur; RAMPERSAD, Arnold. *Days of Grace: A Memoir*. Nova York: Alfred Knopf, 1993.

BILLINGSLEY, Andrew. *Yearning to Breathe Free: Robert Smalls of South Carolina and His Families*. Columbia: University of South Carolina Press, 2007.

BROOKS, Michael. *At the Edge of Uncertainty: 11 Discoveries Taking Science by Surprise*. Nova York: Abrams, 2016.

BURTON, Art T. *Black Gun, Silver Star: The Life and Legend of Frontier Marshal Bass Reeves; A Reader*. Lincoln: University of Nebraska Press, 2006.

CERAMI, Charles A. *Benjamin Banneker: Surveyor, Astronomer, Publisher, Patriot*. Nova York: John Wiley and Sons, 2002.

FANNIN, Caroline M.; GUBERT, Betty Kaplan; SAWYER, Miriam. *Distinguished African Americans in Aviation and Space Science*. Westport: Oryx Press, 2002.

GIBSON, LARRY S. *Young Thurgood: The Making of a Supreme Court Justice*. Amherst: Prometheus Books, 2012.

GOUDSOUZIAN, Aram. *King of the Court: Bill Russell and the Basketball Revolution*. Berkeley: University of California Press, 2010.

LOCKE, Alain (ed.). *Harlem, Mecca of the New Negro*. 2 ed. Baltimore: Black Classic Press, 180.

MELVIN, Leland. *Chasing Space: An Astronaut's Story of Grit, Grace, and Second Chances*. Nova York: Amistad, 2017.

RITCHIE, Andrew. *Major Taylor: The Extraordinary Career of a Champion Bicycle Racer*. Baltimore: Johns Hopkins University Press, 1996.

TUCKER, Phillip Thomas. *Father of the Tuskegee Airmen, John C. Robinson*. Washington: Potomac Books, 2012.

WINTZ, Cary D. *Harlem Speaks: A Living History of the Harlem Renaissance*. Naperville: Sourcebooks, 2007.

AGRADECIMENTOS

Na introdução, mencionei que este livro quase não existiu, o que é verdade sob muitos aspectos. Foi preciso muito esforço para conectar todas as pontas, e exigi muito das pessoas à minha volta. Serei eternamente grata à equipe LBYR. Tem sido um sonho conseguir fazer livros com o apoio e a dedicação de tantas pessoas. Eles me receberam nos escritórios com bondade e paciência. Obrigada a Jen Graham, Janelle DeLuise, Anna Prendella, Erika Schwartz e Katharine McAnarney por todas as horas e e-mails! Obrigada também a Sandra Smith e Richard Slovak, além de Anna Barnes da PRH do Reino Unido. Farrin Jacobs merece todos os méritos. Minha amiga e editora, ela sempre faz mais do que precisa. Obrigada por me ajudar a ficar focada e engajar nas conversas. O diretor criativo David Caplan e a designer Kelly Brennan receberam tantas exigências para este livro, em um prazo tão curto, mas mantiveram a calma e foram profissionais, tornando a experiência muito mais fácil. Minha agente, Carrie Hannigan, está sempre aqui para me guiar, mesmo quando o trabalho é sufocante e as horas são longas. Não conseguiria fazer isto sem ela. Ellen Goff está sempre presente, mesmo quando apareço com problemas enormes. Fico maravilhada com a calma e a eficiência dela. Obrigada à minha família e amigos: Chandra e Ted Harrison, Nicole Harrison, Lindsey Arturo, Ashley Chipman, Elena Levenson, Justen Blaize e Roxanne Campbell. E por fim, obrigada ao meu amigo Kwesi Johnson. Ele agiu nos bastidores da maioria dos meus livros como um expert sempre à disposição e um apoio imenso. Sou grata pela boa vontade em me ajudar a contar as histórias destes homens excepcionais. Não foi fácil, mas, com ele, foi muito divertido.

— VH

Agradeço aos meus sogros, Linda e Israel Garcia, por cuidarem das crianças, limparem a casa e prepararem as refeições enquanto eu pesquisava e escrevia. É preciso uma cidade inteira para criar uma criança e escrever um livro, e esses dois são como um exército. Este livro foi uma ótima oportunidade para reavaliar os homens que admirava quando criança, iluminados pela luz dos homens que conheci quando adulto, e também para descobrir novos irmãos para admirar. Obrigado a Vash e Farrin por me darem essa oportunidade e por serem pacientes com este cabeça-dura. Obrigado a minha família — Jen, Luna e Xolani — por me apoiarem. À minha mãe Alyce, prima Judy, tio Ron, tia Judy e Charles: obrigado por me ajudarem a cobrir os buracos em minha pesquisa e me criarem para amar minha negritude e a história negra.

— KJ